風の時代を幸せに生き抜く方法

本田 健　並木良和

きずな出版

はじめに

本田 健

まさに今、時代が大きく変わりつつあります。

2019年の終わりから、世界的に新型コロナウイルスが感染拡大していき、僕たちの生活は一変《いっぺん》しました。すでに、これまでにも日本では大きな地震や台風など、自然災害に見舞われ、それによって人生が大きく変わった人も多いでしょう。

けれども、それらの被害、影響は、ある地域、ある世代に限定されたものでしたが、新型コロナウイルスの感染拡大は、日本だけでなく、世界中を席巻《せっけん》し、人類が100年近く体験しなかった「大きな変化」を体験することになりました。

イベントや旅行、会食など、生活、行動には制限がかかり、窮屈《きゅうくつ》な暮らしを強《し》いられることになりました。

「いつになったら、もとの生活に戻れるのか」

そう思わない人はいないかもしれませんが、それにあえて答えるなら、僕たちが「もとの生活」に戻ることはないでしょう。

それが、時代の変化ということです。

地球レベルで、時代が変化しています。

それが、いまの、この状況なのです。

もとに戻れないことは、不幸ではありません。

少なくとも、僕はそう考えています。

コロナ禍《か》によって、大切な人をなくしたり、ビジネスで大打撃を受けたり、いまも厳しい状況にいる、という人は少なくないでしょう。

けれども、それを乗り越えた先には、新しいものが生まれていく時代が待っています。

そうした新しい時代を、幸せに生き抜いていくには、どうしたらよいのか。

本書では、スピリチュアルカウンセラーである並木良和さんと一緒に、そのことを掘り下げていこうと思います。

この本は、2021年2月に開催されたオンラインセミナーでの講演、対談をまとめたものですが、オンラインセミナーでは異例とも言えるほど、3000人を超える方たちが参加してくださいました。

それだけ多くの方が参加してくださったのは、やはり今のこの時代に対して不安を感じている方が少なくないためだとも思います。

セミナーに参加してくださった皆様、当日は参加できなかったという皆様、そして、今この本を手にとってくださった皆様に、この本が希望の光となりますことを祈っています。

○目次

第1部

本田 健

風の時代を楽しむために大切な6つのこと

第2部

あなたは風の時代に何を選択しますか

並木良和

第3部

風の時代を幸せに生き抜くヒント

本田 健
並木良和

本書は、２０２１年２月７日に開催された
オンラインセミナー「風の時代を幸せに生き抜く法」での
講演、対談をもとに加筆、編集したものです。

風の時代を幸せに生き抜く方法

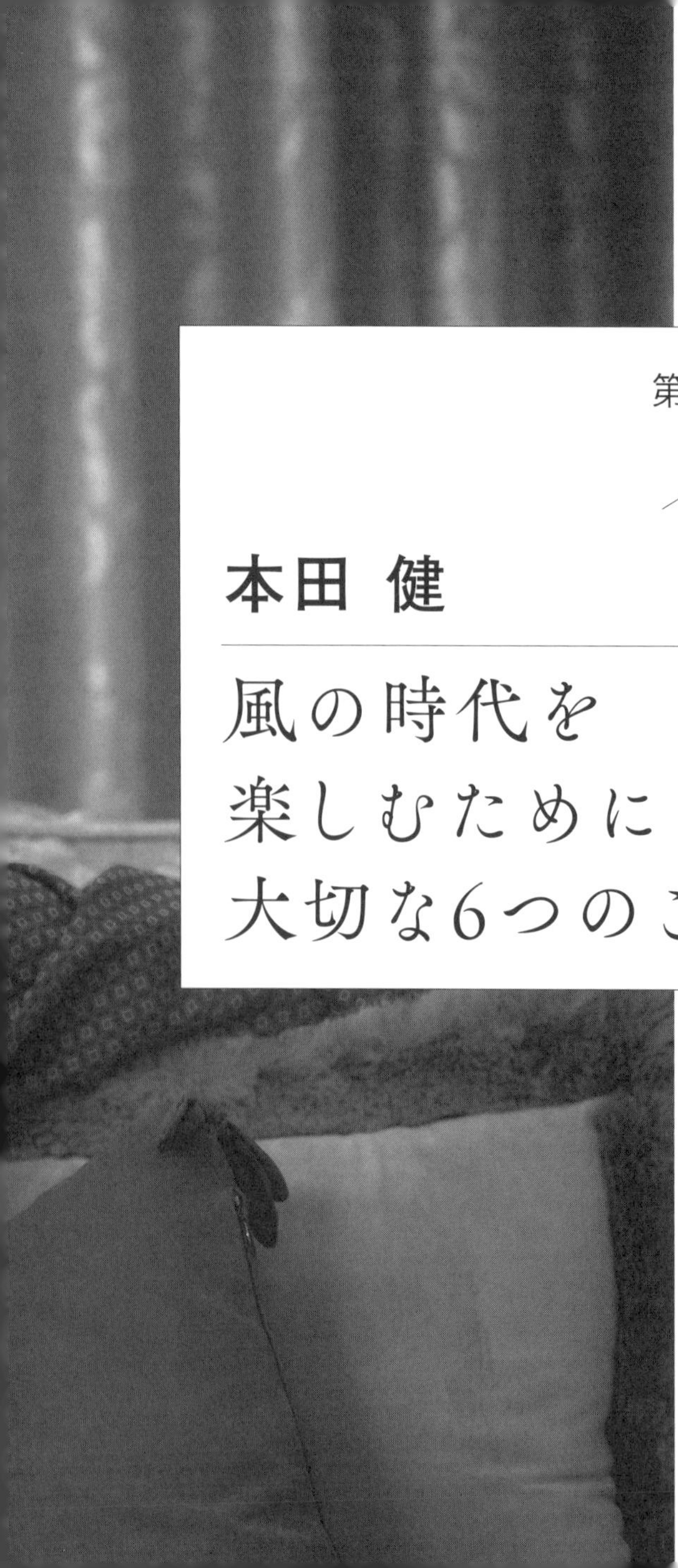

第1部

本田 健

風の時代を楽しむために大切な6つのこと

風の時代とはどういうものなのか

僕がこれからお話しするテーマは、次の6つです。

（1）風の時代とはどういうものなのか
（2）世界をエネルギーの流れで見る
（3）自分のなかに風を起こす
（4）まわりに風を起こす
（5）スピリチュアル・クライシスと目醒《めざ》め
（6）風の時代とお金

では早速、1番目の「風の時代とはどういうものなのか」から、お話ししていきましょう。

これについては、並木さんからのお話をうかがいたいところですが、その前に、天とはつながっていませんが、パソコンとつながっている「本田健バージョンの風の時代」として、並木さんとは違った視点で楽しんでいただけるんじゃないかなと思います。

さて、「風の時代」については、「地の時代」との比較でも、いろいろな表現をされますが、「物理的なもの」から「目に見えないもの」へのシフト、というのが、皆さんも感じておられることではないでしょうか。実際に、2021年の2月になって、僕は、空気の流れが変わった感じがしました。

2020年は、新型コロナウイルスの感染拡大で、僕たちの世界も生活も、さまざまな影響を受けましたが、21年になって、いったん春に向かって、「このまま収束するんじゃないか」と思えるほどになりました。

「ここから新しい時代が始まる」――その流れのなかで、準備ができる人、よくわからないままステイホームで縮こまる人など、それぞれ反応の仕方は、いろいろでしょう。

そこで、「風の時代をどう生きるのか」ですが、この「風の時代」には、どういうことがあるのか、ということから話をしていきたいと思います。

まず、いままでの「地の時代」には「所有」に意識が向いていました。

何かを「つくり上げる」ことが大切で、たとえば建物を建てたり、組織をつくったりして、会社であれば、支社や支店を増やしていくことによって、成功し、達成というものを得られたわけです。

それに対して、「風の時代」は、「感情」に意識が向いていきます。

感じたり、響き合ったり、「目に見えないもの」――僕は「無形資産《むけいしさん》」と呼んでいますが、この「無形資産」が大切になるのが、「風の時代」です。

どういうことかと言いますと、「有形資産《ゆうけいしさん》」というのは、不動産や、車だったり家だったり、服や持ち物だったり、というものです。

ちなみに僕は、今日のオンラインセミナーでは、いつもとは違う、ちょっと派手なシャツを着てきました。アメリカでの活動が増えて、僕には、ハリウッドのイメージコンサルタントの人がついて、一通りのワードローブを揃えてくれるのですが、そこにあったのが、このシャツです。日本では派手すぎるし、ふだんのキャラとは合わないし、なかなか着る機会がなかったのですが、今日は並木さんがいらっしゃるということで、盛り上げようと思って着てきました。講演やセミナーは、リアルでもオンラインでも数えきれないくらいしてきましたが、いつも、ドキドキわくわくします。今日も最初からドキドキしています。

それはともかく、そういう「もの」「有形資産」中心の時代から、いよいよ「目に見えないもの」「無形資産」にフォーカスされていくのが、「風の時代」です。

いままでは、「どれだけ持っているか」ということが、大事でした。洋服であれば、それこそ、10着持っている、20着持っているという時代から、たとえば3着を上手に着まわして、自分の持ち物に関しては、「それほどこだわらない」。それよりも、「体験すること」「行動すること」に価値を置く人たちが増えていくのではないかと思います。

実際に、我々の世代より上の人たちは、車や家、社会的地位といったものにこだわる人たちが多いのですが、いまの若い世代の人たちと話をすると、その価値観がずいぶん違うことにびっくりします。

「海外旅行をしたくない？」と言うと、「いやいや、ジェット機に乗ったらエコに悪いです」なんて言葉が返ってきたりします。

「高級ホテルに泊まったり、高級レストランでディナーとかを食べたくない？」と言うと、「高いだけで、もったいないです」「コース料理は栄養過多で、糖質のとりすぎが心配です」と言う始末《しまつ》。デートはどうするのかと思ってしまいますが、「彼女とNetflix《ネットフリックス》で動画を見たり、河原を散歩したら十分です」というわけです。

僕たちバブル世代から見たら、ちょっと物足りない感じがするのですが、まさしく風の時代には、そういう若い人たちの生き方――感性に従って生きることに価値が置かれるようになるんじゃないかと思います。

若い人はもう、直感的にそれを感じているわけです。

いま35歳以上の人たちは、風がどう吹いているのかを見ることです。

ところで、年の初めや終わり、何か行事があったときに、社内、部内で、「一本締めをしよう」というようなことを言い出す人がいます。それ自体が悪いとは思いませんが、そういうことが好きな人は、これからの時代は取り残される可能性があります。

気合いやガッツだけで乗り越えていける、と信じている人たちです。

風の時代は、「一本締めをしよう」となったときに、素直に「何のために？」と思うような人が、リーダーになっていくように思います。

それはそうと、「無形資産」とはどういうものかと言えば、たとえば、それは「人脈」や「絆《きずな》」といったものです。

今回のオンラインセミナーは、きずな出版の主催ですが、社長である櫻井さんや岡村さんとの人間関係がなければ、並木さんと僕がこうしてお話をしている「今」はなかったわけです。撮影や収録に関わる、すべての人たちとの「絆」があって、初めて一つのことが実現します。

いままでは、そういう人と人との関係があるからこそ「できていること」「できること」には、あまり意識がなかったと思います。

僕はもともとは会計が専門で、それを長くやっていましたが、会計で出す「損益計算書」「貸借《たいしゃく》対照表」によって、その会社の力や可能性を見ることができるわけです。そこには、人間関係や絆の力というものは出てきません。

けれども、たとえば「きずな出版」というのを一つの企業として見たときに、「損益計算書」には載《の》ってこない「絆」が、将来の富を生み出すものとして評価されるようになるかもしれません。一般的には、まだ、それは資産としては認められませんが、風の時代には「無形資産」として評価されるようになる、と僕は見ています。

そう考えてみると、皆さんにも「無形資産」があることに気づかれるのではないでしょうか。

風の時代には、「無形資産」がとても大事になっていきます。

「お金」を得るか、「信頼」「信用」「心のつながり」を得るか、という場面で、どっちをとるのかということを、いまのうちに考えておいてください。

「無形資産があるのなら、無形負債《ふさい》もありますか」という質問を受けることがあります。

答えを先に言うなら、「無形負債」も、もちろんあります。

たとえば、知らないあいだに人に恨《うら》まれている、嫉妬《しっと》されている、「なんかイヤなやつだな」「感じ悪い」と思われている――そういうふうなものが、「無形負債」です。

僕は、マーケティングなどを教えるときに、一風変わった教え方をしています。

幸せに成功するためには、人望と人気の両方が必要です。芸能界で成功する人はもちろんですが、作家にも必要な要素だと僕は考えています。

「人望がある人」と「人気がある人」が、イコールになるとは限りません。人望があっても人気がないと本が売れませんし、人気があっても人望がないと、時代がちょっと変われば、あっという間にダメになっていくんです。

一般の普通の人にも起こりがちなことだと思うのですが、何かで、あるいは、ある場所で、「人気」が出ることがあります。それで有頂天《うちょうてん》になって、「自分はすごい」というふうに勘違いしてしまうわけです。知らず識《し》らずにわがままになったり、自分ではそのつもりがなくても、傍目《はため》にはいい気になっているように見えたりします。

人気があるうちはよいのですが、人気がなくなれば、一気に、まわりの人たちが離れていったりする。これは、「無形負債」のために起こる現象です。

自分でも気づかないうちに受けた批判や嫉妬のエネルギーが、ブログの炎上などにつながったりするのです。この「無形負債」というものを意識しておくことは、風の時代の大切なテーマだと思います。

「無形負債」には、「悲しみ」や「怒り」「恨み」といったものがあります。皆さんのなかに、もしも誰かに対する恨みや怒りがあるとしたら、風の時代には、それこそ風に、きれいに流してもらって、癒《い》やしてもらうということも必要だと思っています。

このあたりのことについては対談で、並木さんにうかがいたいところです。

世界をエネルギーの流れで見る

2番目のテーマは、「世界をエネルギーという視点で見る」ということです。

僕は以前、「エネルギーワーク」とか「直感能力を高める」という講座をシークレットで開いていたことがあるのですが、この項では、それに関連してお話ししていきます。

「エネルギー」という表現は、スピリチュアルではよく使われますが、一般的な言葉で置き換えると「流れ」と言うと理解しやすいのではないでしょうか。

そして僕は、この「流れ」というものをとても大切にしています。

それはビジネスでもそうですし、人間関係でもそうです。

ビジネスにも、人間関係にも、「流れ」というのがあるのです。

同様に、時代にも「流れ」があり、会社の歴史というものにも、やはり「流れ」があります。

人と出会うのも、本が出版されたり、こうしたセミナーを開催するのも、すべては「流れ」があって、そうなっている、こうなっていると考えています。

じつは、この「流れ」というものは、皆さんが思っている以上に大切な「ストーリー」なんです。このストーリーを上手に紡《つむ》げる人が、これからの「風の時代」

に成功すると思います。

マーケティング的に言うと、これまでの多くの場合、

「これだけの効能があります」

「これだけ値段が割安でお買い得です」

ということがセールストークになっていたわけです。

けれども、これからは、それだけでは通用しません。

英語で言うところの「コンテキスト（context）」＝文脈が大事なのです。

つまり、

「一体どういう流れでこういったセミナーをやろうというふうに思ったのか」

「どういう流れで新しいプロジェクトをやろうと思ったのか」

ということです。

この「コンテキスト」の後ろには、必ず「思い」があるんです。

これまでは、僕はそれを表に出すことを封印していたところがありました。

でも、風の時代には、その封印していた「思いの力」「想念の力」、もっと言えば「祈りの力」が、とても大事になると思います。

僕の著作シリーズは累計で800万部を超えているのですが、「どうして、そこまで売れたと思われますか」という質問を受けることがあります。

作家としての才能がすごかった、と言いたいところですが、残念ながらそうではないと思います（汗）。

200冊の本を出していながら、いまだに「てにをは」を編集者さんに直してもらうことがあることからもわかります。

僕に才能があるとしたら、作家としての文章力ではなく、「読者の人生がよくなるように祈りを込める」ことに、その力があるように思います。

野球で「一球入魂《いっきゅうにゅうこん》」という言葉がありますが、吉田カバン創業者の吉田吉蔵さんは、12歳で鞄《かばん》作りの世界に飛び込み、その晩年まで「一針入魂」の精神で鞄をつくり続けたそうです。

僕は、作家になってからは、「一字入魂」を意識しています。「てにをは」を間違っても、僕の本当の深いところから感じる愛とか情熱、優しさとか思いやりといったものを、一字一字に込めて、原稿を書いています。

それは英語で原稿を書くときも同じで、僕の本を読んで、「本田さんは英語がとても上手なんですね」と感心されることがありますが、上手なのは、編集者のメアリーやサラ、ブライアンなのです。

彼らは僕の伝えたいことを、「そうそう、そういうことが言いたかったんだよ」と思わず言いたくなるほど、的確な英文に置き換えてくれます。

そのときにも、行間にある祈りを、とても大事にしているのです。

皆さんも、今このタイミングで、自分の人生のエネルギー、流れが、どんなふうに流れているのかを、あらためて見ていただきたいと思います。

ワクワクした感じのエネルギーが、そこには流れているでしょうか？

幸せな感じ、優しい感じが流れているでしょうか？

それとも、ガガガガッガガガガッと、ちょっと引っかかっているような感じでしょうか。あるいは、重く停滞《ていたい》しているような感じでしょうか。

たぶん、あなたのエネルギーというのは、だいたいにおいて、一日を通して同じエネルギーが流れているんじゃないかと思います。

多くの人は、一つのリズムを刻んで生きています。

楽しい感じのリズム、あるいは悲しい感じのリズム……BGMで言えば、楽しい曲が流れているのか、つまらない曲が流れているのか。シャウト系の曲だという人もいれば、曲ではなく雑音が流れているという人もいるかもしれません。あるいは無音だという人もいるでしょう。それが、あなたの人生に流れているエネルギーです。

そういう意味で、あなたの人生のなかに、どういうエネルギーが流れているのかを、ぜひ見ていただきたいと思います。

エネルギーの流れには、人の流れ、お金の流れ、感情の流れ、そういったものがありますが、それを上手に自分のなかでつくれるかどうか、ということが、2番目のテーマです。

自分のなかに風を起こす

3番目のテーマは、「自分のなかに風を起こす」ということです。「風の時代」がどういうものなのか、というのは、あとで並木さんからもいろいろな角度からお話ししていただけると思いますが、僕は、この「自分のなかに風を起こす」ということについて、話を進めていきます。

さて、風の時代には、文字通り、いろんな風が吹いていきます。方向性もたぶん全然違う。ビジネスの風もあれば、癒やしの風もあり、怒りの風とか、憎しみの風とかも流れてくるわけです。その流れてくる風のどこに同調するのか、というのが、とても大事だと思います。

たとえばコロナ禍によって起こる混乱を見たときに、「もうイヤだ」と思って家に引きこもる人もいます。そうではなく、この大きな変化をチャンスと捉《とら》えて、自分が本当にワクワクすること、やりたいこと、今回の人生で果たしたいことを、「いよいよ始めるときが来た」と思って行動を起こす人もいます。

これは後で話す「目醒め」にもつながってくるわけですが、そのためには、自分のなかに「風」を起こさなければならないのです。

この「風」には、いろいろな種類があります。

たとえば、人間関係で「風通しが悪い」というような表現をすることがありますが、そういうときに、皆さんのなかにはどのような風が、あるいはエネルギーが流れているでしょうか。

人間関係の風（エネルギー）がうまくまわっていると、人生はいい感じで、幸せな気持ちになれます。

ところが、この風が停滞すると、つまらない気持ち、あるいは苦しさというものを感じやすくなります。

あなたは、誰かと一緒にいるときに、「なんとなく癒やされる」「優しい気持ちになれる」という人もいれば、「なにか、やる気のようなものが湧いてくる」という人もいるでしょう。

「なぜかイライラしたり、悲しい気持ちになったり」「自分がダメな人間に思えてきたり」という人もいるでしょう。

その相手との関係にある「風（エネルギー）」が、あなたを、そんな気分にするのです。

僕のメンターであり、友人でもあるアラン・コーエンさんは世界的なスピリチュアルリーダーとして活躍していますが、彼と一緒にいると、僕はいつも、そよ風のなかにいるような気持ちになります。アランはハワイに住んでいるのですが、僕にとっての彼は、まさにハワイの空気そのものです。

それは、直接、会うときだけに流れるのではありません。

並木良和さんのYouTube《ユーチューブ》を見ていると「癒やされる」「心もからだも緩《ゆる》んでいく」という人は少なくないでしょう。僕も、そう感じる一人です。

ヒーラーである並木さんのエネルギーが、そういう気持ちにしてくれているわけです。

風（エネルギー）には種類があると言いましたが、それは人によって違います。だとしたら、あなたには、どんな風が吹いているのか。これを一つの課題として、考えていただきたいと思います。

自分のなかに、どういうエネルギーを汲《く》み出すのか、というのは、風の時代を幸せに生き抜くためには大切なテーマです。

セミナーなどで、「自分のモチベーションを、どうやって高めればいいですか」という質問を受けるのですが、それにも、この「エネルギー」が関わっています。

何かをするためにモチベーションを上げたいという人には、

「どれだけ本当の答えを聞きたいですか？」

ということを、最初に聞くことにしています。別に答えをもったいぶっているのではなく、それが、その人の「やりたいこと」を見極めるための一歩になるのです。

「本当にそれをやりたい」という人への答えは決まっています。

「モチベーションが必要なことはやってはいけません」ということです。

人生でモチベーションが必要なことは、やるべきじゃないんです。

モチベーションが必要なのは、「やらなければならない」と思っているからです。

人生には「やらなければならないこと」というものはなくて、やりたくないことを無理矢理やらされるというのは、現代社会の「虐待《ぎゃくたい》」と同じです。自分が自分を虐待するような、そんな無理を自分にさせるのか、ということです。

風の時代には、そういう無理矢理がんばる人たちは、だいぶ減っていくでしょう。

ただし、こうした変化の過程として、「それでも、がんばらなくちゃいけない、でも、がんばれない」ということで、うつになったり、社会的に止まってしまったり、という「スピリチュアル・クライシス（魂の危機）」を体験する人もいると思います。そのときにはどうしたらいいかについては、あとでお話しします。

「やりたいこと」というときには、自分のなかにあるモチベーションではなく、深いところから汲み出すインスピレーションが大切です。

皆さんが「目醒め」を体験して、自分の本当に深いところにある「愛情」や「友情」というものを汲み出すことができたら、もう一生、モチベーションなんか必要なくなります。

たとえば、いま僕は毎日、原稿をいろいろな場所で書いています。ほかの人から見たら、「〆切《しめきり》に追われて大変そう」と思われるかもしれませんが、僕自身は、「書かなくちゃいけない」と思っているのではなく、鼻歌をうたう気分で楽しく書いています。

それはもう、寝る前に歯磨きしないと気持ちが悪いのと同じで、それをやらないと気持ちが悪いし、むしろ、それをやりたくて仕方がない――自分のなかから湧き出てくるような情熱、これがインスピレーションです。

朝起きて、「さあ、やらなくちゃな」とか、「コーヒーを飲んでからやろうかな」「その前にメールチェックしてからやろうかな」とかといった、そういうものじゃなく、もっと自然に、それがやりたくて、ついやってしまうのです。

インスピレーションがベースの生き方とも言えますが、それをするには、「好きなことを思い出すこと」がとても大事です。

自分のなかに風を起こそうと思ったら、自分が好きなことを始めることです。

本当に自分のやりたいこと、ワクワクすること――これはまた後で、並木さんが別の角度からお話しされると思いますが、風の時代を幸せに生き抜くには、不可欠なことといっても過言《かごん》ではありません。

まわりに風を起こす

自分が好きなこと、ワクワクすることを始めることで、自分のなかに風を起こすことができます。

「さあ、風が吹いてきましたよ。好きなことをやってみよう、という気持ちも湧いてきた」としたら、次は何をしていくのか。これが4つ目のテーマです。

自分のやりたいことと言っても、人によって、それぞれでしょう。

たとえば、それが「切手集め」だったり「一人カラオケ」だとしたら、それでは何にもならないんです。

よく好きなことは何ですかと聞かれて、「寝ることです」「お風呂の時間が至福です」という人がいます。

「ドラえもん」のしずかちゃんはお風呂好きのようですが、現代の生活での入浴は、清潔を保つため、心とからだをリラックスさせるためです。つまりは、からだを回復させるための行為です。「寝ること」も同様で、一生懸命に活動して疲れたから、からだを休ませるわけです。

からだを癒やすこと、休ませることを「好きなこと」と混同してはいけません。ゆっくりお風呂に入って、たっぷり睡眠をとった後に何をしたいのか、というふうに考えてください。

そうすると、たいていの人が、「じゃあ、本を読むことかな」「ネットで調べることかな」と言うのですが、「どういう本を読むのか」「何を調べるのか」というのが、あなたの好きなことなんです。

こういったことを一つずつチェックしていかないと、本当にやりたいこと、好きなことにつながらないというふうに理解してください。

同時に、自分の風（エネルギー）があふれ出たときに、まわりの人たちに、それが伝わるかどうか——それが、まわりに風を起こせるかどうか、ということです。

これができるかどうかが、皆さんが幸せにライフワークをやったり、経済的にある程度豊かになったり、楽しく生きられるようになったり、というときの大きなポイントになります。

ビジネスで言うと「マーケティング」ということになるかもしれませんし、ライフワークでは、自分の思いを伝える、そして、まずは一人に理解してもらう、次に二人に理解してもらう、ということじゃないかと思います。

もう20年くらい前になりますが、僕は、育児セミリタイアをしてるときにインスピレーションを受けたんです。

「お金と幸せについて伝えたい」と思って、「さあ、これから世界の人類の意識を変えるぞ」と意識したんです。

いまになってみると、どうして、そんなふうに思ったのかは、自分でも謎です。

インスピレーションを受けたと言っても、自分のなかにそれが起こっただけで、傍《はた》から見れば、当時は、普通のセミリタイアしている33歳の若いパパでした。人類のお金の意識、お金とのつき合い方を根底から変えて、地球全体をアセンションさせるのが自分のライフワークだと思っても、具体的には、何をどうしたらいいのかわかっていなかったんです。

宗教を始めるのか、あるいは会社、または非営利団体をつくるのか――作家になるということは、当時はまったく考えていませんでした。なるつもりがないというより、そんなことは思いもつかないことだった、というほうが近いでしょう。

どうすれば人類の意識が上がるのか――。

育児セミリタイアから出るとしたら、人類に関わることをやりたいというふうに思っていました。

まわりの人たちに話しても、理解を得られるどころか、「おまえ大丈夫か」「育児で疲れているのだろう」と心配される始末です。

たしかに、当時の僕は、3年半ほどは仕事から離れて、育児以外では本ばかり読んで、髪の毛も腰くらいまで伸ばしていました。

会う人も限られるせいか、話す速度もすごく遅くなって、ファストフードに行っても、お店の人が何を言っているのか聞きとれないほどでした。

友人のなかには「仙人のようになってるな」と言う人もいましたが、もしも今、当時の自分に会ったら、自分でもそう思うと思います。

そういうふうな状態のなかで、僕はインスピレーションを受けとったわけです。

そのときに何をしたのかと言えば、自分の思いをとにかく、まず文章にまとめようと思って、コピー用紙に書き始めました。1ページ、2ページとできたものをまわりの数人に見せると、「面白い」「もっと読みたい」と言われて、調子に乗って、それこそ毎日、書き続けたのです。それが、皆さんもどこかのタイミングで手にしたかもしれない小冊子『幸せな小金持ちへの8つのステップ』の原型になりました。

まわりに風を起こすために必要なのは、大切な友達なんです。あなたが何をやっても「面白いね」「いいね」と言ってくれる友達の存在が、小さな風に力を与えてくれます。

その友達がいるかどうかで、人生は変わると思います。

僕の場合には、うちの奥さんもそうでしたし、親友の望月俊孝が、「これはぜひとも世に出してほしい」と興奮して言ってくれたのです。

彼はすでに最初の著書である『癒《いや》しの手』を出版していましたが、ものすごく感動してくれました。ふだんはおだやかな彼が、僕以上に熱くなって、出版をすすめてくれたのでした。そんな彼を見て、「ひょっとしたら自分がやっていることを続けてもいいのかな」と思うようになっていったのです。

僕は子どもの頃から、よく「調子に乗るな」と叱《しか》られました。そのせいか、「調子に乗る」とか「乗らない」とかというのが、大嫌いでした。

でもあるとき、いい感じになったときに、「あ、いま調子に乗ってるな」と思えて、そのことがすごく嬉しかったんです。

風の時代には、自分を調子に乗らせる、というのは、とても大事です。

人から「調子に乗るな」と言われたことがある人は、ここから自分をぜひ、調子に乗らせてください。

自分から踊ってしまうのです。

それが、まわりの人たちに風を吹かせることになります。

まずは、自分のなかからあふれてくるワクワクや「楽しい」と思うことを受けとることです。僕の場合は、それは文章を書くことであり、その次に講演やスピーチなどの「話す」ということが出てきました。

皆さんの場合には、料理やヒーリング、教育やアートなどなど、それぞれの「才能の原型」によって、その現れ方は違うでしょう。

「才能の原型」というのは、あなたが本当に好きなこと、それをすることで自分らしいと思えることです。自分では気づいていないことが多いのですが、人は誰にも「才能」があります。そして、それは一つとは限りません。

自分が本当にワクワクすることをして、自分のなかに風を感じ始めたら、次には、それをまわりに知らしめていきましょう。その手段として、いまであれば、SNSを使うのもいいでしょう。

自分が本当に言いたいこと、伝えたいことをSNSに載せていくのは、まわりに風を起こす一歩になると思います。

オンラインサロンを開くというのも、一つの方法です。

どんな方法を使うかは、自分がいいと思うやり方で構《かま》いません。大事なことは、自分が「風」を感じたら、こんどはまわりに風を吹かしていくことを意識することです。

では、どうすれば、その風を感じることができるか、ということですが、自分のまわりで風がどう吹いているのかを観察してみましょう。

たとえば、「今これが流行している」というものがあるなら、それを見に行けるかどうかです。

「流行」というのは「風」なんです。その風が、いまはどこで、どんなふうに吹いているのかを見ることが大事なんです。

これは言葉を換えると、「好奇心を持つ」ということです。

きずな出版の社長であり、ご自身でも200冊を超える著作を持つ作家でもある櫻井秀勲《ひでのり》さんは今年90歳になられます。

数年前に、たまたま福岡でお会いしたときのことですが、ホテルのロビーで人だかりがしていたのです。芸能人が来ていたようで、普通は、「有名な人が来ているのか」とちょっと思うくらいで通りすぎるのではないかと思うのですが、さっきまで隣にいた櫻井さんがいないのです。探してみると、その群衆のいちばん前にいるんです。

「いやあ、誰が来ているのか気になっちゃって」と櫻井さんは笑っていましたが、僕はその好奇心に感心してしまいました。

櫻井さんは毎週100万部を発行していた時代の「女性自身」の編集長でしたから、芸能人と言ってもめずらしいことはないはずです。それでも、なにか「面白そうなこと」があると、それを見に行かずにはいられなくなる。80歳をすぎても、そんな好奇心を持っていることに、心底驚きました。

けれども、風の時代には、この好奇心が大事なのです。

これはうまくいくとかうまくいかないとか、お金になるとかならないとか、そういったものを超越したのが好奇心なんです。

できれば、自分の未来に対して好奇心を持ってもらいたいなというふうに思います。

僕は、自分の未来を信じられなかった時代が長かったのですが、最近ようやく、自分の人生に対して、本当の意味でワクワクし始めています。

これまでもワクワクしていなかったわけではありませんが、いま、アメリカや中国、ヨーロッパでのライフワークが始まって、自分のなかからワクワクがあふれ出すのが実感できるようになったのです。

じつは今、アメリカのテレビ番組で共同ホストになるという企画があって、打ち合わせを重ねています。つまりは、トークショーです。

最初は不安しかありませんでした。トークショーですから、ゲストとやりとりをしていくわけです。ただニコニコ笑っているだけでは務《つと》まりません。「こんな下手な英語で、どうやってトークショーのホストをするんだ？」と自分でもツッコみたくなりますが、そんな自分でもできるとしたら、それも面白いんじゃないかと思うようになったのです。いまは「どんなトークショーになるんだろう！」と自分でも楽しみになりました。

自分の未来に対して好奇心を持つと、うまくいくかどうかという判断は、二の次になります。

「未来」とは、文字通り、まだ来ていないことです。新しいことに目を向けることで、風が起こります。未来が動きだすわけです。

何をしたらよいかわからない人は、人がワクワクしているところに行ってみましょう。「流行《はや》っているところ」「流行っているもの」を見に行くことです。

新しいものをやってみるというのは、すごく大事なところだと思います。

このセミナーの後、Clubhouse《クラブハウス》をやることになりました。

Clubhouseというのは最近始まった音声のSNSで、僕も最近メンバーになったばかりです。並木さんはまだメンバーになっていなかったのですが、「この後でClubhouseで何かやりましょうよ」と誘ったら、Clubhouseが何かもわかっていないのに、「いいねいいね」と面白がってくれました。

並木さんもやっぱり、好奇心の人です。

そうやって面白そうなことをやってみる、ということがとても大事だと思うのです。

スピリチュアル・クライシスと目醒め

さあ、5番目の「スピリチュアル・クライシスと目醒め」について、お話ししましょう。これは並木さんの専門ですが、あくまでも「本田健バージョン」として聞いていただけたらと思います。

「目醒め」というのは、たとえば「学校の先生だった自分」「主婦だった自分」「会社員だった自分」の殻《から》が、パカッと割れるようにして「新しい自分」になるわけです。

それはまさに、さなぎが蝶になる瞬間です。イモムシだったのに蝶になる、というのは、あまりにセルフイメージが違います。

これは、イエス・キリストが単なる大工から、ある意味リーダーとして立ったたというのと同じだと思います。

そのときに、多くの人はスピリチュアル、魂のレベルで、トラウマになるくらいの大きな変化を起こします。

なかには、ひょっとしたら幻聴を聞いたり、あるいは、いろんなものが見えたり、しゃべれなくなったり、1年間ベッドから出てこられなかったりというような、それまでの自分にはあり得なかったことがあるかもしれません。そういう人は、これからの時代のリーダーである可能性が高いと僕は思っています。

何年も引きこもりをしていた人に、僕は、「引きこもっていたのは正解だよ」ということを言います。

それは、核戦争のあいだにシェルターにいたようなもので、そういう人の大切な感性が、この風の時代まで封印されていたわけです。

この封印が解《と》かれて、まったく新しい時代に活かすためには、そうして、純粋に守っておく必要があったのです。

これまでの3年間、あるいは5年間、仕事に行けなかった、生きているのが苦しかったという人には、風の時代の到来は、僕はグッドニュースだと思います。引きこもっていたのは、自分の感性を守るために、あえて社会の雑音と交信をしなかったのだと思ってください。

「スピリチュアル・クライシス」は「魂の危機」と訳されることが多いようですが、本当に目醒めていくときに、ほぼ必ずと言っていいほど起こります。

そして、このスピリチュアル・クライシスは、いろんな形があります。

たとえば「経済的なクライシス」もその一つです。

「なんかよくわからないけどFXで全部飛んじゃった」というようなことが起こったりします。

「よくわからないうちに、パチンコに行ってお金がなくなっちゃった」というのと一緒です。

僕も人生で一回だけ、パチンコをしたことがあります。

トイレに急に行きたくなって、目の前にあったパチンコ店に入ったのです。

当時は、店内はタバコの煙が充満していて、そのタバコ臭い中を息を止めて、トイレをお借りしたわけです。

そこで、みんなが血眼《ちまなこ》でパチンコに向かっているのを見て、「ひょっとしたら当たるかもしれない」と思って、1000円だけ玉を両替しました。そして、その玉をジャジャジャジャーッと入れて、15秒くらいで全部なくなって、「何これ？」と思ったのが、僕の最初で最後のパチンコ体験です。

それと同じように株に投資したり、ビットコインを購入したり、FXを始めたりして失敗してしまうことがあります。なかには退職金のすべて、これまでの預金を全部つぎこんで、すべてをなくしてしまうという人もいます。

これも一つのスピリチュアル・クライシスなんです。

僕は1000円だけでよかったですが、なかには500万円、1000万円という額をなくす人もいます。そういう形で、「経済的なクライシス」が起きることがあるのです。

急にリストラされた、会社が倒産したなどの「仕事上のクライシス」もあります。20年結婚していたのに破綻《はたん》したというような「パートナーシップのクライシス」もあります。がんになった、長期で入院することになったなどの「健康のクライシス」もあります。

どんなクライシスが起こるのかは人それぞれですが、人生で目醒めていくときには、なにかしらの「スピリチュアル・クライシス」が訪れます。

それはほぼ不可避《ふかひ》だというくらいに起きると僕は思っています。

もしかしたら、それをうまく回避する方法もあるのかもしれません。これについては、並木さんにぜひうかがいたいところですが、僕のなかでは、この「スピリチュアル・クライシス」を「ライフワークの聖なる炎」と呼んでいます。

皆さんが目醒めて、自分本来の姿に行くときには、その聖なる炎のようなものに焼かれるんです。その炎によって、エゴとか嫉妬心、競争心とかというものが燃やされます。

だから、目醒めた後の出口に立ったときには、もう髪の毛もチリチリに焦《こ》げているようなイメージです。

僕も、何度も何度も、いろんなレベルで聖なる炎に焼かれました。

それを体験するたびに、「あ、もうこのお金は必要ないんだ」「そんなことを気にする必要ないんだ」と思って、エゴとか見栄《みえ》とかを、どんどんどんどん手放すことができたのです。

そう考えると、「スピリチュアル・クライシス」というのは、絶対にそれが起きるとまでは言い切れませんが、ある意味で必要だし、たとえ起きたとしても、怖がる必要はないと思います。

なぜかと言うと、そこで焼かれないと、「行けない世界」があるからです。

いま、進路が見えないという人たちは——これまで目指していたものを変えざるを得なくなった、という人たちは、それは「強制終了」で、目醒めのときが来た、ということです。「目指していた道は違っていた」ということがわかったわけです。

自分の風を起こすときが来たのです。

たとえば、学費が払えなくて大学をやめてしまったという人、パートナーとの関係が変化して、結婚生活がうまくいかなくなったという人、教師や料理人など自分がなりたいものがあったのに、それを変えざるを得なくなったという人たち。僕の友人で医者になろうとしていたのに、その道が見えなくなったという人もいました。

そういう人は、ここでもう一度、自分のなかの答えを見つけることです。答えはすぐに見つからないかもしれません。

いまの自分の状況の原因もわからないまま、なぜか落ち込んで、うつのようになっている、ということもあります。それもスピリチュアル・クライシスです。

結果として、何年も引きこもっているという人もいるかもしれませんが、きっとこれは抜けることができます。

人によっては、半年くらいですむ人もいれば、何年もさまよう人もいます。

いずれにしても、一日二日では無理です。二日酔いではないわけですから。

多少時間がかかっても、その人の魂にとって必要な時間なのだと僕は思います。

いま本当に大変な状況にいる人に、僕は心からの愛を送りたいと思いますし、そこにずっといるわけじゃないということを、もう一回、あらためて思い出していただきたいなというふうに思います。

風の時代とお金

さあ、僕のテーマとしては6番目、最後の「風の時代とお金」についても、サラッとですがお話ししておきましょう。

このテーマは、スピリチュアルの人には、ぜひ聞いてもらいたいと思っています。

なぜかと言うと、スピリチュアルの人というのは、お金のことを忘れがちなんです。

風の時代ということで、一番よく聞かれるのは、

「健さん、風の時代はお金がなくなるんですか」

ということです。

風の時代には、お金の意味がなくなる、あるいは、お金に重きを置くという価値観がなくなるだけで、お金がなくなるわけではありません。

風の時代は、どういうふうに生きる人が出てくるかと言うと、軽やかに世界中を旅行したり、という人たちです。

今日は東京だけど、明日はグアムに行ったり、バリに行ったり、沖縄に行ったり、福岡に行ったり、あるいは、阿蘇山の近くに2週間ぐらい滞在したり……。まさ

に風のように、日本中、世界中を自由に行き来《き》する人たちです。

でも、それをするには、お金がかかります。

「風の時代にお金がなくなりますか」という人に答えるなら、「風の時代は普通に生きたらお金がなくなります」ということです。

わかりますか？　お金つまり貯金がなくなるということです。

だから風の時代には、僕は、お金がすごく必要だと思います。

もしも風の時代を楽しみたいと思うなら、お金をきれいに受けとって、きれいに流す技術が絶対に必要です。

それがないと、せっかくの風の時代に、「海外旅行にも行けない」「行きたいセミナーにも行けない」ということになってしまいます。

最近の話題の本で『DRAWDOWN ドローダウン――地球温暖化を逆転させる100の方法』（山と溪谷社）が翻訳出版されたのですが、これは400ページを超える大著で、定価で3000円くらいします。

この本を読みたいというスピリチュアルの人がいたのですが、「地球のためになんとかしたいけれど、その３０００円が出せません」と言うのです。

風の時代を迎えているのに、そこだけ無風状態になっているわけです。

スピリチュアルな人ほど、僕は、お金は必要だと思います。

風の時代に本当に楽しく輝きたい人こそ、お金があるほうがいいのです。

では、そのお金をどう稼ぐかですが、鍵《かぎ》はまさしく、「自分が楽しく風に乗ること」です。

風の時代には、まずは風を受けることです。

そして、自分が本当にやりたいことを自由にやって、一定の人たちに応援されることができれば、あなたは経済的にも、ある程度は豊かになれると思います。

いままでの時代と違うのは、「それを蓄積《ちくせき》しなくちゃいけない」「増やさなくちゃいけない」「運用しなくちゃいけない」――そういうことではないという点です。

イメージで言うと、「世界一周したい」と言ったら、「あ、応援する！　応援する！」という人たちが手を上げてくれて、たった24時間で世界一周できる資金が集まる。これが「風の時代のお金」なんです。

風の時代を幸せに生き抜くには、応援の風を受けるというのが一つのヒントになると思います。

応援の風を受けとって次に進もう

僕の話をまとめると、風の時代を幸せに生き抜くために大事なこととして1番目にあげたのは「自分を調子に乗らせる」ということでした。

2番目は、「好奇心を持つこと」でした。「自分の未来がどうなのかな」というのが好奇心です。

もしも3番目があるとしたら、「応援の風を受けとって、本当にあなたのやりたいことをやってください」ということです。

そのためには、何をやりたいのかをはっきりさせなければなりません。誰に頼めばいいのか、ということも考えましょう。そして、「これをやったら、これを受けとる」として、遠慮なく受けとっていきましょう。

自分の本当にやりたいことをやったら、まわりから応援を受けとれるのが風の時代です。

皆さんがやりたいこと――夢は、もう一瞬で叶《かな》うんじゃないかなと思えるほどです。

いままでであれば、叶うにしても、5年10年かかっていたことが、たった30分でできてしまった、ということが普通に起きていきます。

そのためには、皆さんのなかに風を感じて、自分が何をやりたいのかということを、はっきり示していくことです。

そうは言っても、いまスピリチュアル・クライシスにいる人たちには、進路がわからない――とりあえず大学をやめたり、会社を辞めたり、「いろんなセミナーも受けたけど、お金だけかかって貯金が減っただけで、どうしたらいいかわからない」という人たちもいると思います。いまの仕事が成り立たなくなって、どうしていいかわからない人たちも多いでしょう。

そのときこそ、落ち着いて、

「自分は誰なのか」

「自分は何をしたいのか」

「何をするために生まれてきたのか」

を考えてみることです。

そのヒントは、皆さんがちょっと好奇心を持つこと、楽しいこと、ワクワクすることに隠されている、というふうに思います。

第2部

並木良和

あなたは
風の時代に
何を選択しますか

「地の時代」から「風の時代」へ

「どうして今を〝風の時代〟って言うんですか?」

という人もいると思うので、まず初めに、そのことについて軽く触れておきたいと思います。

風の時代の前は、「地の時代」と言われていました。「土の時代」と言う人もいます。

ここでは「地の時代」に統一しておきます。

地の時代から風の時代に移行していく（実際にはすでに、風の時代に入っているわけですが）——これは占星術《せんせいじゅつ》的に言うと、木星と土星による「グレート・コンジャンクション」によるものです。

「グレート・コンジャンクション」というのは、簡単に言うと、木星と土星がピッタリ重なることで、この現象は20年に一度起こります。これは天体ショーのようなもので、地球から見て、実際に木星と土星が重なるのです。

この現象下に、いろんな変化が起きると言われているのですが、それはエネルギーが変化するためです。

その20年に一度の変化が、2020年の12月にあったわけです。今回はそれだけでなく、木星と土星の重なるエリアが、地の星座から、風の星座に移行しました。

これまでのグレート・コンジャンクションは、「地の星座」のなかで起きていました。

西洋占星術では、12星座を次の4つに分類しています。

（1）火の星座＝牡羊《おひつじ》座、獅子《しし》座、射手《いて》座

（2）地の星座＝牡牛座《おうし》、乙女座、山羊座《やぎ》
（3）風の星座＝双子座、天秤座《てんびん》、水瓶座《みずがめ》
（4）水の星座＝蟹座、蠍座《さそり》、魚座《うお》

グレート・コンジャンクションは20年に一度、起こると言いましたが、どこで起こるかと言えば、これまでの240年は、地の星座である「牡牛座」「乙女座」「山羊座」のいずれかの位置で起きていました。つまり、それが「地の時代」です。

ところが、2020年のグレート・コンジャンクションは、風の星座である水瓶座で起こりました。20年後の次は天秤座で、今後240年は、双子座、天秤座、水瓶座の「風の星座」で、グレート・コンジャンクションは起きていきます。

つまり、それが、「地の時代」から「風の時代」に移行した、ということです。

木星と土星というのは、エネルギーで言えば、全然違うものです。

木星は、発展、拡大のエネルギーです。

土星は、その逆で、縮小していくようなエネルギーです。崩壊《ほうかい》していく、衰退《すいたい》していくという、木星とは正反対と言ってもいいエネルギーです。

この正反対のエネルギーがコンジャンクションする、つながることで、大きなカオスを生み出します。

カオスというのは、混沌《こんとん》としたエネルギーです。

だけど、この混沌のなかには、創造のエネルギーが満ち満ちているんです。

言い方を換えると、可能性の塊《かたまり》になっていて、ここから新しいものが生まれてくる。それが、木星と土星が重なるときに起こることです。

しかも今回のコンジャンクションは、「地の時代」と言われていたところから、「風の時代」に移行するわけです。まったく違うエネルギーのなかで、そのカオスが生まれて、新しいものが生み出されてしまうと、いままでの「地の時代」のエネルギーは、用をなさなくなります。

これまでとはまったく違うエネルギーへと成り代わってしまうので、価値観であったり、ものの見方、とらえ方、何が大切か大切じゃないかという、さまざまなものが変わっていってしまうんです。

これまで「地の時代」の生き方をずっとしてきた僕たちは、それに慣《な》れ親《した》しんでいて、また、それが刻《きざ》み込まれています。

だから、ここからまったく新しい価値観に移行していくというのが、なかなか難しいんだけど、「風の時代」をうまく乗り切るには、どれだけうまく転換できるかが大事なポイントになります。

変化するということに対して恐れを抱いたり、不安になったり、抵抗してしまったりすると、もう、その時代の流れに乗れなくなってしまいます。

すると、「どうして私はこんなことになっちゃったんだろう」「いままでの時代のほうがはるかによかったのに」というように、前の時代をずっと引きずるような生き方になります。結局は、「風の時代」に乗り切れないで、人生を自分から終えてしまうことだってあるわけです。

それぐらいの大きな変化に、僕たちはこれから直面します。

でも、それは怖いことではなくて、むしろ素晴らしくいいことなんです。

「地の時代」を振り返ってみたときに、そんなにいい時代だったとは、たぶん思わないいんじゃないでしょうか。

たとえば、経済的な格差がある、差別がある——そうだったでしょう?

誰かが豊かで、誰かは豊かじゃない。

すごいお金持ちがいる一方で、でも多くの人は貧しいような経済状態のなかで必死に生きていかなきゃいけないような時代。

あるいは、LGBTなど、マイノリティーの人たちに対する差別があったり、そういうような弱者と言われる人たちに対して威圧《いあつ》的な態度をとる、もっと言えば、そういう人たちを弱者として見ることが横行するような時代だったわけです。

平等平等と言いながら、そういう弱者と呼ばれる人たちを社会から閉《し》め出してきた時代であり、その世界から閉め出されないように必死で生きなければならなかったのが「地の時代」でした。

これまでの価値観が崩れて新しい時代に変わるということは、貧富《ひんぷ》の差、ジェンダーに対しての批判や非難など、これまでの世界でまかり通っていた格差、差別がなくなっていくということです。

これから生きやすくなる人たち

「風の時代」は、あらゆるものがボーダーレスになっていきます。すでに、そういう傾向がだんだん見えてきています。

いままで生きづらかった人が、これからは生きやすくなるのです。

健さんが、引きこもりの人たちについてお話しされていましたが、この人たちが日の目を見ることになります。

子どもでも、自閉症やアスペルガー症候群、ＡＤＨＤ（多動性症候群）などの発達障害があると、子ども自身が生きづらいということはもちろんありますが、それ以上に、親御《おやご》さんで悩まれている方もいます。

そういう人たちが生きやすくなるのです。

「うちの子は大丈夫なのかな」と心配されている親御さんは安心してください。これからは、そういう子どもたちが、ちゃんと社会に馴染《なじ》めるようなシステムづくりもされていくことになります。

「自分は、どうしてこんな時代に生まれて来ちゃったんだろう」と悩んでいる人も、これからは自分の時代になるというふうに、自信を持ってください。

それぐらいに、いままでの常識とか「こうであるはず」「こうであるべき」「こうしなければならない」ということが、全部崩れていきます。

成功と失敗、勝ち組、負け組の枠組み、価値基準も、すべて取り払われていきます。

まっさらに、いったんリセットされて、新しい時代に移行するための準備が、いま行われています。その始まりが2020年だったんです。

もちろん、もっと前から予兆はありましたが、本格的に始まったのが2020年の春分からで、これが、「2020年、2021年に大激変の時代が始まりますよ」と、僕がずっと皆さんに伝えてきた話につながります。

変化があれば、そのために混乱も起こります。新型コロナウイルスの感染拡大もその一つであって、この混乱は、今年、2021年も相変わらず続いています。そして、今年のこの混乱は、昨年よりも、もっと広がっていくことになります。

でも、そうしたことは、いままでも、いろいろな形でお伝えしてきたように、そのシステムであったり、観念であったり、概念であったり、価値観であったりというものが、すべて崩れていくために、起こっていることなのです。

「崩れていくこと」がいま起きている、というのは、皆さんもわかっていることだと思います。

「普通だったら、こうだったのに」とか、「普通はこうでしょ」ということが、いまは一切、成り立たないような状況になってきているわけです。

それは、すごく苦しいことでもあるし、つらいことでもある。「こんなはずじゃなかったのに」「こんな予定じゃなかったのに」「一生懸命がんばってきたのに」と思われることも少なくないでしょう。

もしも、いままでのことを続けて、あなたの人生でがんばってきたことが実ったり、展開していったり、開けていくんだったら、それはそのまま、ぜひ続けてください。

でも、あなたが一生懸命やってきたのにもかかわらず、途中でダメになってしまったり、急に扉を閉ざされるようなことが起きたときには、それは、あなたのがんばりが間違っていたのだと思ってほしいのです。

あなたの生き方が、間違っていたのではありません。

がんばる方向が違っていたのです。

それを軌道《きどう》修正するために、あなたのこれからの人生が本当の道に修正されるために、いまの状況が起きているんだと思ってほしいのです。

あなたが進んでいこうとする道で、もしも希望を断《た》たれるようなことが起きたときには、「あぁ、なんでこんなことが起きるんだろう」と思うかもしれませんが、そこは切り替えていきましょう。

「あ、いまはつらいけど、私がここでしっかりと方向転換することができたら、私が想像していた以上の人生が待っているんだ」

ということを知ってください。

実際に、それが真実で、本当にそういうことなんです。

健さんは、これを「スピリチュアル・クライシス」という言葉でお話しされましたが、僕も同じように捉えています。

いまの時代は、まったく新たな時代へとシフトしていくために、いろんなものがクライシスしていきます。

これは、避けて通れない道なんです。

いままで、自分の魂の道にしっかりと沿っていた人は、この時代の「変化」というものを、それほどに感じることはないかもしれません。

「私は別に何も変わらないよ。いままでやってきたことがもっと楽しくなってきたし、もっと発展系を帯びてきたわ」ということに、きっとなると思います。

それは幸せなことだし、ありがたいと思って、これまでに感謝して、そのまま続けていってください。

でも、なかには、人間関係が突然崩れる――この関係性は一生続くだろうと思っていた人間関係が急にダメになった、という人もいるはずです。

いまのタイミングで、こういうことを多くの人が体験しているんです。

そのことで悩んだり、うつになったりして、僕のところにも「どうしたらいいでしょう」と相談に来られる方がいます。

そういう方には、

「いまはつらくても、じつは、その裏では祝福が起きている、ということです」

というお話をしています。

もしも、いままでの流れのまま、そぐわない関係性を続けていたら、魂がえぐられるような経験が、あなたを待っています。

そうならないために、いったんは立ち止まらせるようなことが起きて、方向転換していく。これができる人たちは、確実に、たとえ今が最高に幸せだと思っていたとしても、それ以上の幸せが待っているんです。

この流れが、いま、誰にも起きようとしているわけです。

「スピリチュアル・クライシス」と言うと、怖いイメージがあるかもしれませんが、決して怖いものではありません。

どんなことでも、僕たちは、止まってしまうと思うと怖くなります。

いま起きている出来事に巻き込まれると、そこは混沌としすぎていて、先は見えないし、「どうなってしまうんだろう」という不安と恐怖にのみ込まれていきます。

けれども、どうしてクライシスが起きるのかということを、頭の片隅に入れておけば、もしもあなたがそういう現象に直面していたとしても、その先を見ることができます。

「あ、いまはわからないけど、この先にはきっといいこと、いまの自分には想像もできないような幸せと豊かさが待っているに違いない」と思って、「この先」に意識を使うことができたら、確実に光が入ってくるんです。

そうすると、いままでは闇《やみ》一色だったものが、「あ、なんかちょっと違う道があるのかもしれないな」とか、「あ、こういうやり方もいいのかもしれないな」というふうに、いろんなアイデアが直感的にあなたに降ってくることになります。

そうなったら、チャンス到来です。

直感を大切にして生きる

「風の時代」の特徴を、もう一つお話ししましょう。

いままでの「地の時代」には、何か行動を起こすときに、いろいろ準備が必要でした。

計画を立てたり、誰かに連絡したり、必要なものを揃えたりして、ようやく「そのこと」を始めることができたわけです。

けれども「風の時代」は、それをしてはいけません。

「風の時代」というのは、スピードの時代なんです。

風は、ビューンと吹いてきます。

そう、それはチャンスです。

「あ、これいいかもしれない！」と思っても、そのチャンスをどうしていいかわからないということがあります。

いいかもしれないと思っても、失敗するかもしれないわけです。そんなふうに考えているあいだに、チャンスはもう、どこかに行ってしまいます。

だから、もう、そういうやり方ではなくて、「あ、いいかもしれない」ということが見えたら、準備などできていなくてもいいから、とにかく飛び込んでください。

「楽しそう！」

「ワクワクする！」

と思ったら、その自分のワクワクに従っていけばいいんです。

僕は今日、健さんからClubhouseのことを教えていただいて、すぐに登録しました。まだよくわかっていないのですが、「面白そう！」という直感のままに、それをしてみるのです。

面白そうと思ったらやってみる。そういうやり方、生き方が、「風の時代」には特に重要になります。

準備を事前にしておくのが「地の時代」なら、「風の時代」は、始めながら準備を整えていくんです。

何かを始めたいと思っても、それにはここまでの技術が必要だとなったときに、その技術を習得してから始めるのではなく、とりあえず始めて、それをしながら、技術を上げていく、というやり方にシフトチェンジしてください。

そういう人たちが「風の時代」には、「成功」という表現をするなら、その「成功」をしていくことになります。

「風の時代」は、スピード命です。

見切り発車という表現がありますが、これまでは、あまりいい意味では用いられなかったと思いますが、「風の時代」は、見切り発車でいいんです。

あなたが「これだ！」と思ったら、見切り発車してください。

そして、それをやりながら、「よし、ここまで高めていこう」とか、「ここまでを形づくっていこう」というふうにしていくと、いままで体験したことのない人生が、または展開が、「なんだ簡単じゃないか」と思えるほど、見えてくるんです。

「風の時代って楽しいじゃん！」となるわけ。

そう、本当の意味で楽しくなるのは、これからです。

ただ、その前にカオスという混沌とした「時代」――「時」「流れ」を体験する必要が、どうしてもあるんです。

いままでしっかりつくられていたものを、いったん崩していかないと、新しいものは生み出されないからです。

それが、いま起きているんです。

だから、この状態がずっと続くなんてことは絶対にありません。

絶対にないんです。

必ず、乗り越えられます。

2020年、2021年の、この大激変の2年間を越えていく。

そうすると、2022年の春ぐらいになれば、もう全然違う景色が見えてくるということがわかるはずです。

いま大事なのは、それまでに潰《つぶ》れてしまわないことです。

残念ながら、潰れてしまう人たちがいます。

絶望を感じて、命を自ら絶《た》ってしまう人もいます。

潰れてしまわないためには、「風の時代」の大事な、大切なテーマである関係性――人間関係が特に重要になります。

「自分も相手を応援し、相手も自分を応援してくれる」

そういう本当の意味でポジティブな、発展性のある関係性のなかに身を置くこと。

そういう関係性を、自分もしっかりと形づくっていこうと意図すること。

これが、とても大事なんです。

そのためには、イエスとノーを明確にすることです。

たとえば、あまり心地よくないなと感じる人に誘われたとします。「心地よくないんだよね」と思いながらも、「でも、ここで断ってしまうと怖いし」とか、「断ってしまって一人になってしまっても怖いし」とか、いろんなことがグルグルグルグルと頭をまわるわけです。

「違う」と感じているのに、いままでの「地の時代」だったら、合わせておくことも大事だと考えるのが正解のような気がしていました。

「長いものには巻かれよ」というのは、「勢力・権力のある者には逆らわないほうが得」という考え方ですが、「風の時代」にこれをしたら、もう〝ブッブー〟の不正解なんです。

自分のなかで「違う」「行きたくない」と思ったら、それに対しては明確に「ノー」と言ってください。

それは、その人の悪口を言うわけでも、その人を否定するわけでもないです。

ただ、自分の気持ちに嘘をつかないということが、これからの「風の時代」にはとても大事です。

「それをやったら一人になっちゃうんじゃない？」と思われるかもしれません。

たしかに、最初はそうなるかもしれません。

でも、たとえ一人になったとしても、これからは、みんながそういう生き方をしていくので、その人たちとつながっていきます。

「私は、あなたみたいな人を探していたのよ」という人に出会えるのです。

いままでは、「長いものには巻かれよ」の流れにいたので、そういう人を見つけられなかったのです。

これからは、自分の「個」というもの、自分の本心というものを大事にする人たちがどんどん出てきます。

そういう流れになっていくんです。

もっと言えば、自分の本心を大事にせざるを得なくなる、そうしなければ生きていけなくなる、というふうになっていきます。

自分の本心を大事にしようとすると、ほかの人から離れるような気持ちになって、孤独を感じて、寂しいと思うかもしれませんが、あなたと同じように、自分の本心を大事にする人たちにつながっていきます。

その人とは、同じ考え方、生き方として共感できるので、本当の意味での仲間としてのつながりが生まれます。

そうなると、「風の時代」は楽しくなって、仲間同士の「共同」が始まります。

この「共同」が大きくなっていくと、コミュニティーに発展するかもしれません。そして実際に、「風の時代」には、この「コミュニティー」がすごく大事になります。コミュニティーとは、グループをつくっていくことです。

つながっていく世界

スピリチュアルの世界では、よく「ワンネス」ということが言われます。
「ワンネス」とは、簡単に言えば、「すべては一つにつながっている」ということです。

その視点から見ると、「グループ」に分かれるのは、それと違うことになりませんか、という疑問を持たれる人もいるでしょう。

でも、僕は、「ワンネス」と「コミュニティーをつくること」が矛盾《むじゅん》するとは思いません。

たしかに最初は、いろいろなグループができていくことで、「すべてが一つ」とは違うように感じるかもしれませんが、でも、このグループ同士は、誰もジャッジしないのです。非難することもありません。

別のグループ同士でも、共同が必要なときには、バシッとつながれる。それが本当の「つながり」です。

「ワンネス」というのは、「誰とでも仲良くしなきゃいけない」「誰も嫌いになっちゃいけない」「誰とでもうまくやっていかなきゃいけない」——そんなことはありません。

あなたがやるのは、本当に自分の気持ちに正直になって、そして、自分が一緒にいたい人といることです。

自分が一緒にいたい人といる、仲良くしたい人と仲良くすればいいんです。

みんなと仲良くしなきゃいけない、ということではありません。

もちろん、みんなと仲良くできたら、それはいいことです。でも、仲良くしなきゃ、うまくやらなきゃ、みんなを受け入れなきゃ、というのは違うのです。

「～しなきゃ」「こうでなければならない」「こうであるはずだ」というのは、もう手放していきましょう。

最初にお話しした通り、そういう考え方、生き方は、全部崩れていきます。

それが正義だと思っているような人は、生きづらくなっていきます。

その意味では、いまとは反対の世界ができていくわけです。

いままでの世の中で、つまり地の時代で、生きづらかった人は生きやすくなります。

けれども、地の時代が合っていた人は、少なくともそれに慣れていた人は、違和感を感じるようになります。すでに、それを体験している人も多いでしょう。

時代が変わっていく、その変化の流れに乗っていけないと、それまでうまくいっていたこと、成功していたことが、途端《とたん》にうまくいかなくなるのです。

200年以上も続いていたことが変わるのですから、その変化にすぐに対応できなくても仕方ありません。

でも、この大転換期は、あなただけに起きているのではなく、みんなでそれを迎えているのです。もちろん僕も例外ではありません。

では、風の時代を楽しめる人と、そうでない人を分ける鍵は何かと言えば、この変化を楽しいと思えるのか、それとも、「そんなのイヤだよ」と思って、いままでの旧時代にしがみつくのか、ということです。

これがいつも僕がいろいろなところでお伝えしている「二極化」です。

「風の時代」という、この新しいフレッシュな流れに「ワーイ」と乗っていける人は、どこまでも上がっていきます。

その上がり方は、たぶん、あなたの想像もできないところまで。つまり、もしも、「こんな人生なら最高！」と思っていたとしたら、その「こんな人生」よりも、さらに最高と思えることがやってくるのです。

「こんな人生があるんだ」と思えるほど上《のぼ》り詰めることができるぐらいに、これからの時代というのは、楽しくてエキサイティングなものになっていくでしょう。

一方で、「風の時代なんて理解できない、とにかくこれまで通り、言われた通りに、学んだ通りに、教わった通りに生きていればいいんでしょ」という、いままでの常識や観念というものを大事にする生き方をしていると、うまくいかなくなっていきます。

いままではうまくいっていたことも、うまくいかなくなるという流れになっていきます。

そのどっちを、あなたは行くのかということです。

「風の時代」の流れに移行していく人たちというのは、僕の言葉で言うと、目を醒《さ》ましていく人たちです。

ここで言っておきたいのは、「地の時代」の生き方が悪いわけではないということです。

いままでの生き方、地の時代のやり方がいいのなら、それでいいのです。その場合には、眠り続けることになります。

ここで目を醒ますのか、眠り続けるのか。いまは、そのどっちを選択するかの、大事な大事な分かれ目にいるわけです。

それを試されているのが、この大激変の2年間で、それは、僕たちみんなに課せられたテストのようなものなんです。

さあ、あなたはどうしますか？

この新しい時代の流れに乗っていきますか？

それとも、旧時代のまま居続けることを選びますか？

この二つに一つの選択が、僕たち、世界中の誰にも提示されています。

こういう話をすると、「新しい時代に目醒める」という言葉に抵抗がある、という人もいます。「目醒め」って言われても、よくわからないと思うわけです。

言葉を換えるなら、「新しい時代を楽しむ」です。

新しい時代を楽しめるか。あるいは、こんな時代はイヤだ、こんなのは楽しめないと思うのか。これのどちらを選ぶのか、ということでもOKです。

お金の概念も変わっていく

「地の時代」から「風の時代」に移行するなかで、健さんが言われていたように、お金の概念も変わっていきます。

ただし、この2年間を越えたからと言って、突然、お金の価値観と形態が変わっていくわけではありません。

僕が見えている流れで言えば、だいたい2023年以降から、お金の形、流れというのが、あからさまに変わっていくことになるでしょう。

時代が変わって総崩れしていくと前でお話ししましたが、いままでのものが崩れて、新しいものが生まれていく流れは、どんどん加速していきます。

2026年から2028年くらいになったときに、振り返ると、「お、本当に世の中は変わっちゃったね」と思うぐらいに変わっているはずです。

それまでの過程として「カオスの時代」、言い換えれば「新しい立て直しの時代」というものを、どうしても通過しなければならないので、その間には混乱もあるわけです。

でも、「風の時代」を楽しめる人は、その混乱している状況のなかでも上がっていくことができます。

「この時代って最高だね。私たちは、なんてエキサイティングな時代を選んで生まれてきたのかしら」と言えるほど、楽しい人生を生きることになるはずです。

ところが、混乱が起きていることを、たとえば国や政府、あるいは「コロナウイルス」のせいにして、自分を犠牲者にする生き方をしてしまうと、風の時代の流れからは、ゴロンと転《ころ》げ落ちてしまいます。

言い方を換えると、「風の時代」というのは、いかに自分に責任を持てるか、ということにかかっています。

自分の人生について、1ミリたりとも誰かのせいにするのではなく、自分の責任でやっていくことです。

「自分の責任で」というのは、「自分が悪い」という意味ではないですよ。自分に力があるということ。自分が主導権を握《にぎ》るということです。

この生き方にあなたがシフトできたら、途端に人生は楽しくなります。

よく「あなたの意識が現実をつくる」ということが言われますが、「だけど、私、こんな現実をつくった覚えはないんだけど」という人は多いです。

けれども、「自分で主導権を握り、責任を持つ」。そういう意識的な生き方ができたら、「あ、自分が自分の人生をつくっているんだ」という相関関係が明らかになるような現実を体験するようになります。

そうなっていくと、自分の現実に対して、「よし、私バージョンの天国をつくっていこう」と積極的になるはずです。

「自分バージョンの天国」とは、自分にとっての最高の世界を意味します。

こうもなりたい、ああもなりたいというふうに、どんどん自分のなかからポジティブなイメージが出てきて、それに向かってチャレンジしていくような生き方にシフトしていきます。

そうしてチャレンジできる人たちが、この「風の時代」は、本当に伸びていきます。

それは、宇宙のエネルギーを味方につけることになるからです。

宇宙というのは、チャレンジ精神旺盛《おうせい》です。

宇宙の本質は、発展、拡大、進歩、進化――これしかないんです。

僕たちは、なるべく発展したいと思いながらも、でも、現状維持はしたい。なるべく変化は少なくて、なるべく痛みも少なくて、でも、大きく変わっていけたらいいなと思っているわけです。

こういう生き方は、「守り」の生き方です。「地の時代」というのはカチッと固まっているので、どちらかと言えば、「守り」の考え方、生き方になっていました。

「守り」ですから、できるだけリスクは負わない。小さいリスクで、いかに結果を大きくするかということに、みんな意識を向けてきたのです。

けれども、「風の時代」はそうじゃないんです。

リスクがあろうが何だろうが、自分がワクワクすることに「エイッ」とチャレンジしてしまう人が、ドッカーンと伸びていけます。

つまり、この宇宙のチャレンジ精神と自分のチャレンジ精神がシンクロしたとき、あなたは、宇宙という大きなエネルギーを自分のエネルギーとして使うことができます。

あなたが動くと、宇宙が動くことになるんです。

そうすると、この宇宙は創造のエネルギーそのものなので、あなたが「こうする」と決めると、それは必ず形になります。

「私がこうやる」と決めたら、まわりの人が「それは難しいんじゃない」と言っても、やり遂げてしまうんです。

なぜなら、宇宙が動くからです。

あなたは自分に力を取り戻して、あなたが望む思う通りの人生というものを、これからどんどん築いていくことになります。それが「風の時代」なんです。

その意味で、お金とのつき合い方も変わってきます。

健さんも言われていましたが、これから、お金はたしかに必要なんですが、そうなると僕たちは、つい貯め込もうとしてしまうのです。

「お金が必要になるなら、貯金しなくちゃ」となるわけです。

でも、それが「地の時代」の考え方だったわけです。

貯金がいくらあるのか、資産がどれだけあるのか、老後にいくら必要なのか、それにはいくら足りないのか、ということが大事なテーマで、そこに向けて、「しっかりと築き上げていこうよ」とやってきたのです。

「地の時代」のテーマは「カチッと固める」ですから、お金を貯めて、資産をつくっていくというのは、時代のテーマに合っていたわけです。でも、「風の時代」

は流動的なので、お金もちゃんと流してあげる必要があるんです。

そうして流してあげると、「循環の法則」が働いて、与えることで受けとる、受けとって、また与えることで受けとる、また与えることで受けとるというように、ちゃんと自分に必要なものがまわってくるようになります。

受けとるもの、与えるものが、「お金」という形ではないかもしれません。誰かの助けかもしれないし、モノかもしれないし、チャンスや情報かもしれません。でも、それはお金に匹敵《ひってき》するほどの豊かさなんです。

これが理解できるようになると、お金を使うことも躊躇《ちゅうちょ》なくできるはずです。

もちろん、無駄遣いをしなさいと言っているわけではありません。

そうではなく、「これだ」と思ったものがやってきたときに、思いきって、チャレンジしていきましょう、ということです。

自分のワクワクに従って、「エイッ」と思って、自分の持っているものを出していく、与えていくわけです。

そうして波に乗っていくことで、「循環の法則」が働いて、「あれあれ、投資のためにすごくお金を使ったけど、それ以上のものが返ってきたじゃない！」ということが起きていきます。

継続的にお金を生み出せるようなスキルが身についてみたり、そういう関係性が出来上がってきたり、またそれに必要な情報がやってきたり、というふうに、あなたは発展していくしかないという流れに乗っていくことになるんです。

なぜなら、それが時代のエネルギーだからです。

僕たちは、いままでと同じで、時代のエネルギーにマッチした生き方をしていれば、うまくいくようになってるんです。

時代のエネルギーに逆らおうとすると、うまくいかないです。

前でお話しした「生きづらかった人たち」というのは、いままでの時代のエネルギーには合っていなかったんです。だから、うまくいかなかったのです。

だけど、これからの時代には、新しい時代に行く前は苦手だ、うまくいかない、生きづらいと思っていた人たちのリズムに合ってくるので、うまくいき始めます。

だから、いまは全然うまくいかないからと言って、これからのことを心配したり不安になったりする必要はまったくありません。

僕は、皆さんを励ましているんじゃないんです。

実際になることを言っているだけです。

いま、あなたがすることは、チャレンジすることを恐れないということです。

宇宙と同じ。

宇宙には、成功するとか、失敗するとかという意識はありません。そんな観念も概念もないんです。

宇宙には何がありますかと言ったら、「体験する」という意識だけです。

僕たちも、この地球に何をしに生まれてきたかって言ったら、経済的に成功するためじゃないですよ。

素晴らしいパートナーと出会うためじゃないですよ。

人生で成功するためじゃないですよ。

ここには、体験するためにやってきたんです。

僕たちは、肉体を持って、ここに来ました。

ここには、肉体を持ってしか体験できないことがいっぱいあります。

肉体があるからこそ、行動することができる。肉体があるからこそ、たとえばグラスを持ち上げるように、物体を動かしたりすることができるのです。

肉体があればこその体験をしたくて、僕たちは生まれてきたんです。

生まれてきた目的は、体験です。成功でもなければ、もちろん失敗でもありません。

言い方を換えれば、体験したことは、全部「成功」です。

「成功」というのは、「自分の思う通りになったもの」と定義づけているでしょう。

自分の思い通りにならなかったら、「失敗」となるわけです。

つまり、僕たちのフィルターで、成功か失敗かと選《よ》り分けているだけなんです。

本当は、成功も失敗もイリュージョン（錯覚）でしかありません。

何が真実としてあるのかと言えば、それは「体験する」ということだけです。

たとえば、「これをうまくやろう」とすることはあります。それが、うまくやろうと思ってもうまくできなかった、ということもあります。

それが「失敗」かと言えば、真実は、「うまくできなかった体験ができた」ということだけですから、宇宙から見れば、うまくいかなくても全然ＯＫなんですよね。

あなたの魂の本質からしてみれば、あなたは体験するために来たわけですから、たとえ失敗したとしても、失敗の体験ができたことがラッキーだと思えるはずです。

結果がどうであろうと、自分がしたかった体験をしただけです。

その意識を、あなたのなかに持てれば持てるほどに、この人生に怖いものはなくなっていきます。

怖いものがなくなったら、どうなりますか？

人生に、不安も恐れもない世界が、そこにはあります。

もしも、そうだとしたら！

「あれもできるかもしれない」「こうもできるかもしれない」「こうもなれるかもしれない」と思うでしょう。

不安や恐怖でブレーキをかけなくなるから、発想も豊かになっていくし、宇宙と同調することで、あなたの頭のなかのちっぽけな意識じゃない、大きな宇宙意識となって、アイデアも何も引き出すことになります。

そうすると、いままで想像もできなかったようなことが想像できるようになったり、思いつかなかったことが思いつくようになったり、アイデアも変わっていくでしょう。

そういう意識を、たとえば科学者が使うとしたら、どうなると思いますか？ 医者ならどうでしょう？ 研究者ならどうでしょう？

この現実に、いままでとはもう比べものにもならない、想像もできなかったような素晴らしい技術が顕在化《けんざいか》することになるんです。

そしたら、僕たちの生活だって一変することになります。乗り物一つとっても、ものすごいスピードで進化していきます。

あなたの現実をつくっているもの

「風の時代」はスピードの時代ですから、そのスピード感で流れに乗ったアイデアは、乗り物だけでなく、あらゆるものをすごいスピードで生み出していくことになります。

もしかしたら、一瞬にして、地球の裏側まで行けてしまうような、そんな技術が出てくることも夢の話ではありません。

2032年以降には、それが現実になるはずです。

そう、2030年前後くらいから、バーチャルの技術が精巧になっていきます。

バーチャルリアリティーの世界というのがあるでしょう。

コンピュータを使って、人工的な環境をつくりだし、あたかもそこにあるかのように感じることができる世界。何もないのに、そのゴーグルをつけると、別の世界が広がっている。まるで現実に体験しているかのように思える、そんな技術が、これからもっともっと精巧になっていきます。

「現実」と、僕たちが思っているものとの区別がつかなくなります。

つまり、僕がいまティーカップに触れているとすれば、そのティーカップは、まさにここにあるわけです。僕たちは、肉体を持っていると、そのカップを持ったときの感触というものを体感できるのです。

それがバーチャルの場合にはどうなるかと言えば、何もないのに、そこにカップがあるような感触を体験できるものが、これから出てきます。

感触だけでなく、味や匂いもわかるようになっていくでしょう。

そうなると、もはや「え、現実って何？」ということになってきます。

バーチャルで体験している世界と、ゴーグルをはずした後（そのときにはゴーグルをつける必要さえないかもしれませんが）の一般的に僕たちが「日常」「現実」「普通」と呼んでいるリアルの世界に境界線がなくなってくるんです。

「そんなことがあるはずがない。バーチャルは、バーチャル、リアルはリアルでしょう？」と思うかもしれませんが、僕のなかでは、「もしもそうなら、こんなに素晴らしいことはない」という気持ちがあります。

僕は常々、この現実というのは、自分の意識が、もっと言うと自分が使っている周波数が、映画のフィルムのようになっているとお話ししています。

この「フィルム」とは、わかりやすく言うと、「恐怖」や「不安」「喜び」「ワクワク」などの「感情」と置き換えてもいい。それが映画のフィルムのようになっていて、僕たちは、それが映し出されたスクリーンに取り巻かれているんです。

360度のフルスクリーンで、映画館にたとえるなら、僕たち自身が映写室であり、映写機なんです。

そこにカシャッと、不安や恐怖という感情の周波数が、フィルムとして納められているわけです。

そして、スクリーンに立体的に投影された映像を見て、僕たちは、それを現実として体験している。それが人生の仕組みだと、皆さんにお伝えしています。

現実にあるものは、わかりやすいでしょう。実際に見えているわけですから、それをイリュージョンとは、なかなか思えませんよね。

ところが、バーチャルリアリティーの技術が進むことによって、「あれ、ないはずなのに、どうしてこんなに臨場感を持って感じられるんだろう」となったときに、「おや？　おや？」というのが、いままでの「こうであるはず」「こうであるべき」という概念をガラガラガラガラッと崩していくんです。

そうなっていくと意識が拡大して、現実が、「本当に自分の意識で生み出したものなのかもしれない」「自分の意識の投影なのかもしれない」と認識できるようになるんです。

それはすごい楽しみなことだな、と僕は感じています。

ずっとスピリチュアルで言われていたことが、これからの科学や技術的な進歩によって解明されることになる、本当の意味で理解されることになる。これがまた「風の時代」のもう一つの特徴だと言えます。

いまはまだ、「スピリチュアル」と言うと、どうしても「怪《あや》しさ」のようなものが周辺についてきてしまいます。

スピリチュアルの話をすると「宗教なの?」と言われたりした経験が、あなたにもあるのではないでしょうか。

これまで、自分の真実として話していることが、軽視されたり、笑われたり、ときには軽蔑《けいべつ》されたりしたように感じて、「こういうことは言わないほうがいいんじゃないか」と封印したり、言わないように隠したりしてきた人というのは、きっと多くいらっしゃると思うんです。

でも、そういう時代は、これから終わりを迎えます。

逆に、スピリチュアルをバカにしたり、軽視する発言をしたりしていると、「この人は全然勉強ができていない人なんだな」と見られるようになります。

「風の時代」には、「意識の世界」が本当の意味で理解されるようになってくるので、その領域は、スピリチュアルな世界で言われていることの領域にまで広がっていくことになります。

スピリチュアルというのは、いままでは目に見えない世界でしたが、それがもっと目に見えるように、いろんな形で証明されていきます。または、目に見える形で顕在化してくることになるんです。

たとえば、霊界とコンタクトをとりたいといったときには、これまでの時代では、霊能者、シャーマンという、霊界と現実の世界をつなぐ人が必要でした。

けれども、拡大された宇宙の意識から、情報やアイデアが降ってきて、ある技術が発明されたときには、たとえばラジオで周波数をチューニングすれば、そのチャンネルにつながるように、霊界と現実の世界がつながることがあるかもしれません。

亡くなった人の声が、ラジオを聴くように聴こえてきても、おかしなことではありません。結局、見えない世界と、いま僕たちがいる世界は、周波数が違うだけなんです。

周波数が違うために、見えないし、聴こえない。霊能者たちは、その周波数をチューニングして、その世界とつながるわけです。

その声はザザザッという雑音のように聴こえたり、影のように視《み》えたりします。

ただそれだけのことなんです。

そして、これは誰もが持っている能力です。

霊能者や、特別に選ばれた人だけが持っている能力ではありません。

霊的な能力というのは、「なんだ、こんなに自然なことだったのね」とわかる流れになっていくわけです。

このように、いままでとはまったく、まるっと変わってしまうような世界が、これから僕たちを待っています。

「風の時代」ほど、楽しくてエキサイティングな時代は、これまでにはなかったのです。

だから、今はどんな人生だったとしても、決してふてくされたり、開き直ったりしないことです。

「あきらめないで。止まらないで。大丈夫だから」

これが、いま僕が、あなたに伝えたいことです。

そのプロセスが進行中であるからこそ、あなたは、この本を手にしているわけです。

この壁を越えたら、「え？ こんな世界が待ってたのね」と驚くほどの楽しい世界が、あなたを待っています。

「いま自分には何もない」と思っている人もいるかもしれません。
なにもかも失ってしまったような体験をされている人もいるでしょう。
でも、「何もない」ということはありません。
壁にぶつかって、苦しい思いをしているということは、少なくとも、あなたは
ここまで歩いてきたのです。
歩いて進んできたから、ぶち当たったのです。
それは、進んでいるからこそです。
止まっていたら、ぶつかることはありません。
あなたがすることは、その壁に取り囲まれたり、圧倒されるのではなく、壁の
その先を意識することです。
この壁の向こうに拡がる可能性に意識を向けてください。

自分の意識に何を入れるか

「なんだかわからないけど、ワクワクしている」

「なんだかわからないけど、楽しいかもしれない」

風の時代になって、あなたの体感が変わってくるのがわかると思います。

前でお話しした、スクリーンに映し出される「感情のフィルム」が変わることになるからです。

これまでは、「もう無理」「もうダメ」というときには、絶望の周波数をカシャッと、あなたという映写機に入れて、絶望を体験したわけです。

けれども、あなたがその先を見て、「なんかわかんないけどワクワクしてきたかも」「楽しいかも」となったときには、あなたが使っていたフィルムをカシャッと入れ替えることになるんです。

そうすると途端に、現実をワクワクで映像化し始めます。楽しさや喜びが映し出されて、「あれ、なんか最近いい感じかも」と思えたり、もう絶体絶命《ぜったいぜつめい》と思っていたものに救いの手が差し伸べられるような、そんな光が差し込んでくるような体験をするようになります。

あなたの意識が変われば、あなたが体験する現実は変わる。これはごく自然なことです。

この仕組みが、「風の時代」には解明されます。

そうすると、もっともっと僕たちは、自分の意識に責任を持つようになります。

「何を考えるのか」

「何を思うのか」

「何をしゃべるのか」

「何を見るのか」

「何を聞くのか」

「誰と関わるのか」

「何をするのか」

ということを、もっともっと丁寧に、大事に生きるようになります。

そうすると、ますます、あなたの生き方、人生の流れは変わっていきます。

このことをぜひ、頭に入れておいてください。

たとえば、朝起きたときに、すぐにテレビをつけてニュースを見るようなことをしないことです。

ニュースには残念ながら、ハッピーなものはほとんどないでしょう。

たまに、かわいい動物のニュースもあったりしますが、たいていは、いまならばコロナ一色だったり、どこそこで事故が起きたとか、何人死にましたとか、ネガティブな情報が満載《まんさい》です。

朝起きたときというのは、潜在意識と呼ばれている深い意識の層がまだオープンになっている状態です。

そんなときにネガティブなニュースを見たり聞いたりしたら、この潜在意識に、そういったネガティブな情報が知らないあいだに刻み込まれます。

そうして刻み込まれたことは、カシャッと、あなたのフィルムとなって現実に映し出されることになります。それが、「最近ネガティブなことばっかりが起きている」とか「うまくいかないことばかりが人生に起こる」という残念な結果を招いてしまうのです。

何を聞くか、何を思うかということを大事にして、朝起きたら、自分の気分が上がるような音楽を聴いてみたり、映像を見てみたりすることとです。

何をしたっていいんです。とにかく、自分の意識に入れるものを、しっかり取捨選択《しゅしゃせんたく》してください。

これが、すごく大事になるのが「風の時代」なんです。

いままでは、事前に知識を学んだり、情報を収集したり、と闇雲《やみくも》に何でも知っているということがいいというような風潮がありました。

知らないのはよくないことで、本当は知らないのに、つい「聞いたことあります」と知ったかぶりをしてしまうような、そんな人もいたのではないでしょうか。

でも、もう、そういうことは必要なくなります。

だから、ニュースを何が何でも見て、要《い》らない情報を取り入れることもしなくていいわけです。前にもお話ししたように、「風の時代」は、各人それぞれが自分バージョンの天国をつくっていく時代なんです。

「個の時代」ということがよく言われますが、まさに「風の時代」は「個の時代」です。

自分の個性、オリジナリティを大切にして、その人の幸せ、その人の豊かさ、その人が「最高！」と思えるような人生を、みんなが築いていくんです。

それができると、争いも起こりません。

みんな、それぞれに自分の世界をつくっていきます。

それによって満たされるので、不足の意識がなくなります。

不足感から、誰かのものを奪ってやろうとか、誰かの成功を嫉妬する気持ちが生まれます。他人を羨《うらや》んで、攻撃を仕掛けたり、足の引っ張り合いもなくなるので、真の平和、真の調和が、個々の人生、またはこの世界に訪れることになります。

風の時代のこの流れを、または目を醒ますという流れを、あなたが選択すると決めれば、あなたは自分バージョンの天国を、この地上で体験することになります。

これが「風の時代」の、本当に楽しいことなんです。

このことを頭に入れて、第3部の健さんとの対談を聞いていただけたらと思います。

以前から、ずっとお話をさせていただきたいなと感じていた方だったので、今回こうした対談ができるというのは、とても楽しみです。いろんな話に花が咲いていくと思いますので、ぜひ、オープンマインドで聞いてください。

一つだけ、理解しておいてほしいのは、前でも少しお話ししましたが、「風の時代」に乗るのがいいというわけではありません。

つまり、「地の時代」のままの意識で生きるというのが悪い、ということではないということです。目を醒ますのがよくて、眠り続けるのがダメというわけでもありません。

「いい」「悪い」というのは、手放してください。

「正しい」「間違い」もありません。

風の時代に一致するのが正しい、地の時代に一致し続けているのは間違いである、ということではないということです。

ここには「優劣《ゆうれつ》」も「善悪」もなく、ただ「あなたは何を選択しますか」という宇宙からの招待状が届いているだけです。

「新しい風の時代というのがやってきますけど、その新しい時代の波に乗りますか」という招待状です。

結婚式の披露宴の招待状が届くと、返信用のハガキが同封されています。

「出席」「欠席」のいずれかに、「〇」をして、送り返します。

それと同じで、宇宙からの招待状には、次のように書かれています。

・新しい風の時代の流れに乗っていく
・これまで通り地の時代の流れで生きる

どちらを選んでもいいんです。

なんとなく新しい時代を選択するほうが正解なんじゃないかと考えて、「風の時代」を「生きなきゃ」と思うのはやめてください。

それをやってしまうと、あなたの魂に多大なストレスを与えることになります。

このストレスは、あなたの人生をメチャメチャにしてしまうんです。

なぜなら、あなたと整合していないからです。

ストレスというのは、あなたの本質と一致していないときに感じるものです。

あなたが「こうであるべき」「こうしなければ」と考えて、本心とは違うのに、無理くり、そういう生き方をしようとすると不整合が起きます。

この不整合が、人生にいろんな摩擦《まさつ》を生み出します。ストレスや、うまくいかない結果を引き寄せるのです。

だから「正しい」とか「間違い」というのは、くれぐれもなしにして、自分の気持ちに正直になって、どちらにするかを自分に問いかけてみていただけたらと思います。

これで第2部の僕のお話は終了になります。オープンな気持ちで、第3部に進んでいきましょう。

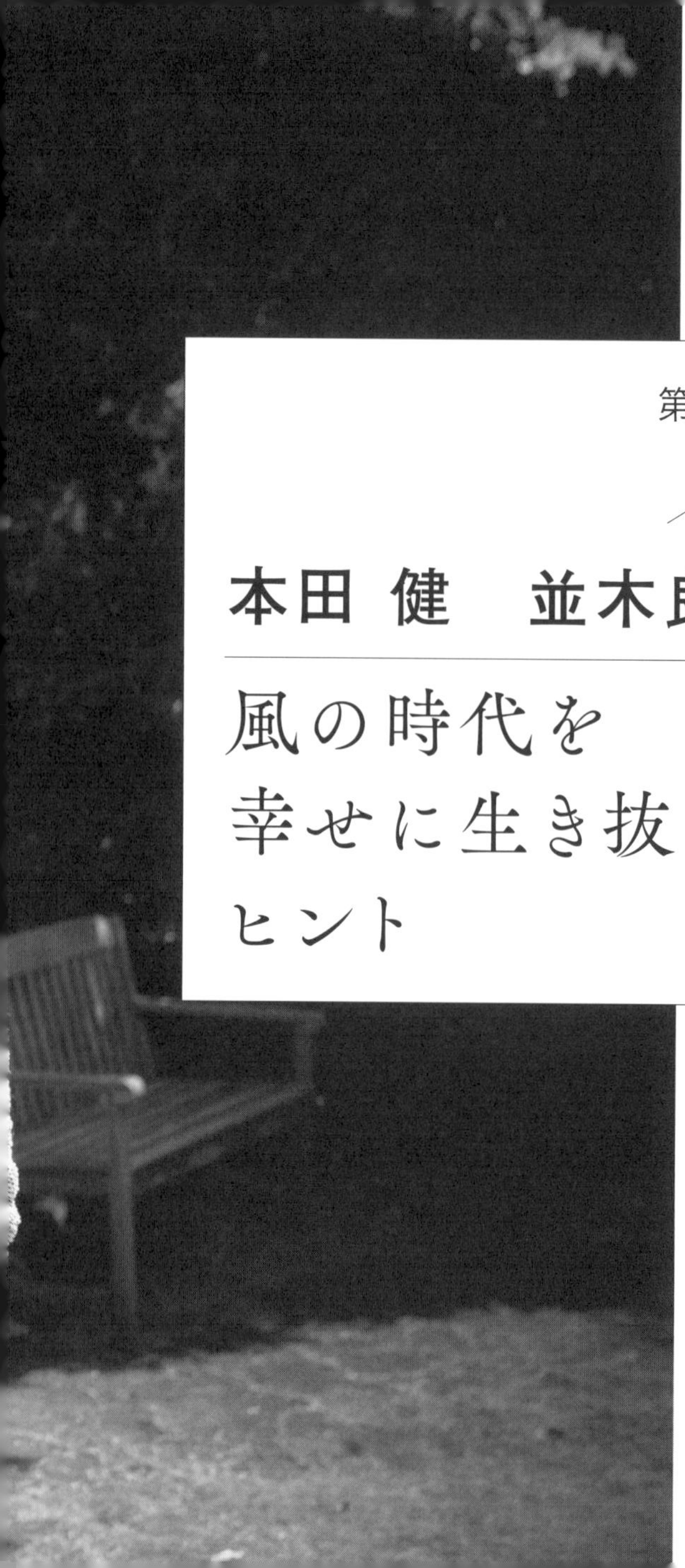

第3部

本田 健　並木良和

風の時代を幸せに生き抜くヒント

風の時代と新型コロナウイルス

本田――まず初めに、繰り返しになりますが、いままでの時代と「風の時代」の、いちばん大きな違いと言うと、並木さんは、何だと思われますか？

並木――「地の時代」というのは「固定的」で、観念とか概念とかというものが凝《こ》り固まっているんですね。つまり、不自由なんです。

「風の時代」には、そうした地の時代の観念、概念がすべて崩壊します。かわって、漂《ただよ》うような軽やかさが出てくるので、非常に自由なんですね。

「地の時代」と「風の時代」の違いを一つあげるなら、その「自由度」というものが、もっとも大きな違いだと思います。

本田――「地の時代」は、昭和のイメージ、その生き方、働き方とつながるでしょうか。平成も、まだ昭和を引きずっていました。

「風の時代」になっても、昔のやり方に慣れて変えられない人たちは「頑《かたく》なな人」です。そういう「頑なな人」にとって、「風の時代」というのは生きづらくなるでしょうね。

並木――生きづらいこと、この上ないと思います。

前でお話ししたように、「それが間違ってるよ」とか「悪いんだよ」ということはありません。けれども、もうイヤでも時代は変わってしまうので、自分を変化させていかないと、誰でもない、自分自身がつらくなっちゃうよ、ということなんです。

本田――今まさに、この本を読んでいる方たちのなかにも、いろいろなシチュエーションの方がいらっしゃると思います。

大変な状況に追い込まれているという人たちも多いですが、比較的うまくいっている人もいます。

前で僕は「スピリチュアル・クライシス」という言葉を使いましたけど、いままでの時代の乗りについていけなかった人、合わなかった人たちは、「風の時代」を迎えて、ようやくハア〜ッと息ができる。そういうふうになる可能性は十分にあるということですよね。

逆に言えば、いままで「自分はすごい」「イケてる」と思っていた人たちは、「なんか調子が違う」と感じる場面が多くなるかもしれませんね。

並木――健さんの言う通りで、いままでグッと息を潜《ひそ》めるように生きてきた人たちは、呼吸がしやすくなります。

時代が変わることで「いままでのやり方が通用しなくなる」という言い方がありますが、いままでよりも息がしやすくなる人が出てくる一方で、つらくなる人も出てくるということなんです。

本田――僕自身のことで言うと、新しい時代に備えて、それまでのリアルセミナーをやめて、オンラインに切り替えました。並木さんとは直接、お会いして対談をしていますが、こういう形で対談をしたのは、1年ぶりになります。

僕のなかにシナリオがあって、先のことはまだよくわかっていませんでしたが、2020年の1月の末には、今年のイベントはすべてできなくなる、という前提で動くことにしたのです。

買い占《し》めない程度にマスクやそのほか必要となるものを買っておくように、スタッフに伝えました。「仕事もできなくなるから、それは休暇と思って、そのあいだはゆっくりして、それから新しいことをやろう」と言ったときには、みんなポカンとしていました。

まだダイヤモンド・プリンセス号でのクラスター感染がニュースになる前のことでした。

じつは当時、武漢でセミナーをやる企画があったのです。

3月に開催予定で進んでいたのですが、プロモーターの人から、「現地で肺炎か風邪のようなものが流行っていて、そういうホールが使えないかもしれない」という連絡があったのです。これが、僕にとっての、新型コロナウイルス感染についての、最初の一報になったわけです。

そんな風邪の流行でホールが使えなくなるなんて、「どういうこと?」と思って、僕のなかのアンテナが立ったのです。

そして、日本も緊急事態宣言が布《し》かれることになるわけですが、並木さんと初めてお会いしたのは、それが解かれて、少し落ち着いていた2020年の11月でしたね。

でも二人とも、「まだまだ長引きそうだ」という話をしましたが、いまの時点では、並木さんは、どんなふうに感じていますか?


並木――いまのお話をうかがっても、健さんは、まさに「風の時代」を生きていると僕は感じています。

風の時代は、情報をどう扱うかで、受けとるものが変わっていきます。

「こういう時代だから、こうする」「こうなったら、こうする」ということで、素早く行動できることが、チャンスをつかむことにつながります。

コロナ禍については、正確に、「もう本当に形として落ち着いてきたね」というふうに見えるのは、2022年の春、2月、3月を越えてから、ということになると思います。

これは、「コロナ」というものを軽視しているとか、そういう話ではなく、新型コロナウイルスをインフルエンザのように扱えない限りは、騒動はおさまらない、ということです。

なぜなら、インフルエンザ同様、コロナもこれから毎年やってくることになるでしょう。つまり、残念ながら、ウイルスによる感染リスクを完全に駆逐《くちく》する、あるいは撲滅《ぼくめつ》することは難しい。だから、そういった意識の変革が起きないと、これは、いつまでたっても終わらないな、というのが僕の見解です。

だからと言って、必要以上に怖がることはないのです。怖がりすぎないということも、大事だというふうに僕は感じます。

本田――新型コロナウイルスによる感染がなくなることはない、ということですよね。それによって、高齢者の方などが亡くなることも避けられないわけですが、それは、インフルエンザも、肺炎も同じです。

そういう意味では、普通の人は、いままでの生活に近い形に戻っていくということですよね。

それでも依然として、飲食業とか旅行業というのは、やりにくいでしょう。

春から夏ぐらいまでは一時的にちょっと緩むのかもしれないけど、そうするとまたちょっと感染者数が戻ったりとかして、全開で、「さあ、いままで通りに戻るぞ」というのは、少なくとも今年、2021年のうちは難しいという並木さんに、

僕も同感です。

「風の時代」に風邪がやってきたわけですが、僕は、それに合わせて「人生のOS(Operating System)」を変えていかなければならないと思っています。

いままで、お金とはこうだ、仕事とはこうだとしていたものを、変えていく必

要があると思うのですが、並木さんは、どういうふうに変えていけばいいと思っているんですか？

並木――風の時代に風邪がやってきているというのは、たしかに象徴的、シンボリックな感じですよね。

この時代に合わせて変えていくことについて、僕のなかでいちばんシンプルにお話しできることは、いままで学んできたものをクリアにするということです。

僕たちには、それぞれ「こうでなければならない」「ああでなければならない」「そうすべき」「ああすべき」というものがありますが、それはこれまでに学んできた「知識」によるものです。

それは親から学んだことかもしれないし、学校で教えられたことかもしれない。まわりの大人に教えられたこともあるでしょう。それらを全部、いったん手放す必要がある、と考えてみましょう。

いままで学んできたものをすべてクリアにするというぐらいの意識、大きな変化が必要になってくるんだな、というふうに感じています。

実際に、すでに働き方は変わってきているでしょう。

それに伴《ともな》って、住む場所など、さまざまなものが、もう動いていますよね。

これからは、そうした変化がもっともっと加速して、目に見える形で時代の変化を実感していくことになると思います。


本田――たしかに、いままでと同じような仕事のやり方は、もうできないということですね。

変化することで、たとえば、その仕事がなくなってしまう、というようなネガティブな情報もあるでしょう。

たぶん、暗いほうに関しての情報は、ワイドショーなどで得やすいと思うのですが、今日はどちらかと言うと明るい話というか、希望のほうに話を持っていきたいと思っています。

魂に沿って過渡期《かとき》を乗り切る

本田――風の時代を迎えて、僕はすごくワクワクしているんです。前で並木さんが言われたみたいに、この1~2年は混乱と言うか、コロナ禍が収束するのに時間がかかるなと思うのですが、その後は、すごく面白い時代がやってきそうな予感がしているんです。

並木――はい、すごく面白い時代がやってきます。

僕のなかでいちばん変わるなと思うのは、たとえば自然に対する認識や意識の向上、というのがあります。

いま、自然が息を吹き返している、自然がイキイキし始めているということが言われています。コロナ禍で人の往来や工場などの稼働率《かどうりつ》が減ったためです。

これはとても大事なことです。

「自然がないと人間は生きていけないんだよ」という基本的なことを、多くの人が忘れてしまっていたのが、これまでの時代だといっても過言ではありません。

ところが、そういった意識の変化に伴って、「自然のありがたみ」にもう一度気づくような動きが、これから絶対出てくるはずなんです。

そうすると、建物も、いままでだったら森林を伐採する、自然を壊して建てていくようなものがいっぱいだったのが、自然を壊さないでどう建てるか、ということが意識されるようになります。

そうなると、いままでとはまったく違うアーティスティックな建物が建つようになります。そういうビジョンが出てきていて、「あっ、これは自然と調和して美しい世界だな」と感じるんです。

本田――なるほど。時代の変化とともに、窓から見える風景も変わっていくのでしょうが、それにはもう少し時間がかかるかもしれませんね。

たとえば今年から来年にかけてという範囲で見たら、どうでしょうか。過渡期である今は、不安を感じている方は少なくないと思います。そんな不安が小さくなるような、なにか新しい面白そうな変化というのはありますか？

並木――僕のなかでの「いいこと」は、表面的に見えていることとは、ちょっと逆なんですよね。

僕たちは、人生を生きるうえで、「こうしたい」「こうなりたい」という願望がありますが、それが必ずしも自分の魂の道と沿っているとは限りません。だけど、「これで行くのよ」「これで行くんだ」みたいに、意地でやってしまうことがあります。

たとえば「何年も勉強してきたんだし」「何年も準備してきたんだし」と考えてしまうと、それをやめるという選択肢がなくなります。

「やってきたんだから、やるしかない」となってしまうわけですが、それが、じつはその人の魂にふさわしくない、ということもあるのです。

魂に沿っていなければ、本当の意味でその人が幸せになることはないんですね。だから、その魂に沿わないものが、全部そぎ落とされていくような流れができていて、それが、さきほど健さんがおっしゃっていた「クライシス」につながる部分でもあります。

そこはやっぱり苦しいし、つらい。「なんで、こんなことに⁉」と、どうしてもなるんです。

けれども、そこで、「ふてくされない」「立ち止まらない」「あきらめない」ことです。

「あっ、そうか。いまは私に必要じゃないものが、どんどんそぎ落とされているんだ」と思えるかどうかです。

人間関係も、「この人こそは」と思っていた人が自分の人生からいなくなるのであれば、「あ、これはもっと私にふさわしい人がこれから現れてくるためにスペースが空《あ》いたんだな」と捉えることができる。そこに意識が行けば、ワクワクが始まります。

「これから、自分の人生に、どんな人が入ってくることになるんだろう!」

「これから、どんなことが私の人生に待っているんだろう!」

そう考えられると、途端に視界が開けていきます。

視界が開けるから、いままで見えなかったものが見えるようになり、気づけるようになり、それを通して人生の軌道修正が行われます。

「あ、これでよかったんだ」

「あれがあったから、いまがあるんだ」

と感じられるような人生――地獄から天国に行くような、そういう人生に軌道修正できる人たちが続出する、と思います。

本田――そのためには、シンクロニシティ=不思議な偶然を見つけたり、誰かから情報が来たときに、「よっしゃ、これが来た!」と、それを受けとめられる感性が必要になりますね。

直感と直感らしきものを見分ける方法

本田——先日、友人でもある直感能力者のリン・ロビンソンさんと対談させてもらったのですが、そのときに彼女とすごく盛り上がったのは、「直感と直感らしきものの見分け方」でした。

「直感」と「直感らしきもの」をどうすれば見分けられるのか、という方は少なくありません。

「直感」と「恐れ」は、また違うものです。

「直感かな」と思っても、じつは「恐れ」かもしれないし、「恐れかな」と思っても「直感」かもしれない。並木さんは、どういうふうに判断されるのですか？

並木――シンクロニシティというのは、「魂の道に沿っているよ」というサインです。

ここで大事なのは、「そうか、魂の道に沿っているんだから、これをやらなければならないんだ」と思う必要はない、ということです。

「魂の道に沿っていることだ」と感じたら、「そうか、自信を持って進んでいいんだ！」と受け入れて、次に、「それを実際に、いま自分がやりたいのか？」というところで、取捨選択していくことがとても大切です。

「シンクロが起きたから、やらなければならない」となってしまうと、それはまた違ってきてしまいます。

僕のなかで大事なポイントというのが、2つあります。

まず、僕たちは、生きていくうえで欠かせない「呼吸のシステム」を持っています。

自分にとって最善の選択もしくは最善のもの、人、色、関わる物事――どんなものでも、それが自分に合っているときというのは、呼吸は非常に深くなるものなんです。

たとえば赤とオレンジで、「どっちが合うかしら」といったときに、赤をイメージしたり、赤いものに触れたりして呼吸するときの体感と、オレンジ色のものに触れたりしたときの体感は、絶対に違います。

自分に合うものであれば、呼吸が深くなります。

健さんからの質問の答えは、直感か恐れかを見分けるには、その事柄をイメージしたときの呼吸の変化を捉える、というのが、一つのやり方です。

もう一つの方法として、魂に沿う道というのは、決して飽きが来ないんですね。

前で健さんが、「モチベーションが必要なものは、あなたがやることじゃない」ということをおっしゃっていましたが、まさにその通りで、その自分がやりたいと思ったことの先を、ちょっとイメージしてみるんです。

本当に魂に沿っていたら、もう飽きることなく、いつまでもイメージが続いていきます。「わあ、こんなことになっている！」「そんなことにもなっている！」と次々にイメージが湧いて、ワクワクしちゃうのです。

ところが、いまはワクワクしているつもりなのに、それをイメージしてみようとすると、全然イメージが湧いてこない、ということがあります。

途中でモゾモゾして飽きちゃった、というときには、魂の「それ違っているよ、あなたの道じゃないよ」というサインがやってきているということなのです。

本田——なるほど！　たとえば「大学に入ってみたけれど、このまま就職するということが全然ピンと来ない」というようなことですね。

この世の中には、社会的に優位なことということがあります。

それを捨てるというのは、とても勇気がいることです。

例をあげて言えば、「医学部に行っていたのに、それをやめて陶芸家の道に進む」という人がいたら、どうでしょうか。つい、「考え直せ」と言いたくなるのが人情です。

僕の友人でも、いい大学を出て、本当は進みたい道があったのに、親に泣きつかれて、一流企業に就職して、所謂《いわゆる》「エリートコース」に乗っていた人がいました。けれども途中で、「やっぱり自分の行きたい道はこれじゃない」と言って、コースから外《はず》れるというのは、かなり勇気のいることです。

並木――結局は、「頭で生きているか」「心で生きているか」の違いになるんですよね。

医学の道から陶芸家、芸術家の道に行くというのは、その道こそが、その人にとって本当の意味で心が満たされることだと思うんです。

僕たちが死を迎えるとき、肉体を脱いで持っていけるものというのは、物でも、お金でもありません。どんなに大切な人も、連れていくことはできません。

では何を持っていけるかと言えば、体験を通して得た記憶という思い出、魂の満足感しかないんです。

自分が生きた証として、

「十二分に生ききったな」

「自分の可能性を生きたな」

「自分の心にちゃんと一致して生きたな」

「魂に満足できる人生を生きたな」

というような、そんな満足感を得られたら、それこそがすべてなんですね。

でも、「収入が激減した」とか、「つき合っている人たちのグレードが下がった」とかというような表面的なことだけで判断してしまうと、もう全然違うことになってしまうわけです。

頭の時代からハートの時代へ

並木――「地の時代」というのは、言い方を換えると、「頭の時代」だったんですね。だから「形（目に見えるもの）」を大事にしていました。「いい車を持つこと」「いい家を持つこと」「いい仕事に就くこと」「いいパートナーを得ること」というのは、すべてが「形」だったんです。

でも、「風の時代」は「頭」から「ハート」に移るので、心の満足度を選ぶ人たちが増えていきます。

いままでのように、朝から晩まで、月曜日から金曜日までというような形式的な働き方も変わってくるはずです。

本田――たしかに、これまでの仕事は、「効率」のよさが大事でした。まさに「頭の時代」で、優先順位を決めたり、段取りを考えたりすることで、仕事をこなしてきたわけです。

そして、そういうことができる大人になるように、子どもの頃から教育を受けて、勉強ができたり、リーダーシップのある子が評価されてきたわけです。

でも、これからは、「勉強はできないけど優しい子」や「友達をつくるのが上手な子」「気配りができる子」というようなことが、評価されるようになるんじゃないかと思います。

その意味で、いままでの世界は、どちらかと言えば「いじめっ子」が成功していたと言えますが、これからは「いじめられっ子」の時代だと僕は思っています。「いじめられっ子」というのは、たとえばクラスのなかにイヤなエネルギーがあったら、それを一身に集めるような存在です。

僕は、すべてのいじめられっ子というのは、ある種のヒーラーだと思っています。引きこもっている人たちも、そうです。

これまでは、そういう人たちを社会的な落伍者《らくごしゃ》として見る向きがありましたが、これからは、それも変わっていくでしょう。

ヒーラーとしての才能を持つ、そういう人たちを、僕は「祈り人」と呼んでいます。文字通り、社会のために祈ってくれていた人たちです。

優しい人、自分でも知らず識らずのうちに周囲のケアができる人が「祈り人」

です。

「風の時代」は、この祈り人が、脚光《きやっこう》を浴びる、素晴らしいと思われる存在になる。そういう感じがしています。

並木――そうです。「風の時代」では、これまで生きづらかった人が生きやすくなる、という時代なんです。

「正直者がバカを見る」という言葉がありますが、「風の時代」では、「正直者がバカを見ない」世界なんです。

そういう変化が、まだまだ、いろいろな場面で起きていきます。

それは、風見鶏《かざみどり》がパタンと一瞬で向きを変えるように、昨日までの当たり前が、今日になったら変わっていた、ということがあっても、まったく不思議ではありません。

本田――たとえば、ランニングのコースを走っていて、先頭でいたはずが、あるとき逆まわりになって、ビリになっていたというような変化ですね。その反対に、ビリだと思っていたら、先頭になっていたということもあるわけです。

でも、そこで「混乱」も起きるわけですね。

風の時代とお金の法則

本田――僕は、「お金のＩＱ」「お金のＥＱ」ということを教えてきましたが、お金に関しては、時代の変化を受け入れられる人は、まだ少ないようです。

お金は、当然のことながら、使えば減ります。だから、「使いたくない」と、多くの人たちは思うわけです。

でも「風の時代」は、「お金は使うほうが増える」という新しいパラダイムに変換していきます。

方向が反対になるのと同じくらい大きな変化ですから、「感覚的には使ったほうが増える」ということを理解できても、現実には、使った分だけ、手元のお金が減ってしまうことに、不思議な混乱を感じるわけです。この不思議な混乱を、多くの人が体験しそうな予感がしています。

並木——宇宙には、与えたものを受けとるという法則があるので、本来、与えたものは必ず受けとれるはずなんです。

ところが、僕たちは多くの場合、不足の意識で生きています。

そのために、「使ったらなくなってしまう」「あげたらなくなってしまう」と考えてしまうのです。

その観念を使っていると、それを通して現実をつくり出すので、「不足の現実」を体験するしかなくなってしまいます。

だから、変な言い方に聞こえるかもしれませんが、「お金は使っても十分に潤沢《じゅんたく》に入ってくる」と、その人が本当に信じていたら、その人の人生はそうなるんです。

本田――そういう意味では、ここから多くの人たちが混乱しつつ、新しいゲームをしていくなかで、ルールも変わっていくということでしょうか。

ルールが変わると、それまで有利だった人、不利だった人の形勢が逆転していくということも起きます。

負けていた人が急に強くなったり、勝ち組だった人が、「なんか調子が出ない」という状況に陥《おちい》るわけです。

ゲームなら、それも楽しいですが、人生となると、そう楽しんでもいられないという人も出てくるでしょう。

並木――その通りです。新しい時代を迎えるというのは、革命なんです。その意味で2021年は、世界的な「革命の年」だと言えるでしょう。

いままで上り調子で来たような人が、ちょっとしたことで、転がり落ちるような、それまでの場所から失脚するようなことが起きていきます。

どれだけ浄化ができているか

本田———世界に目を向けると、そういう革命みたいなことも起きていますよね。僕が予測するのは、ロックダウンが続いているヨーロッパなどでは暴動が起きることもあるということです。自由に動きまわることもできないなんて、人権侵害だとなって、論争も起こってくるのではないでしょうか。

そう考えると、これから（2021年）春から夏にかけて、社会的な大きな動きもあるんじゃないかと思っています。

ただ、個人的な生活においては、マスクはやっぱりしたほうがいいし、ソーシャルディスタンスは守ったほうがいい。そういうマナーや礼儀に対して、「そんなのはイヤだ」というのと、人権はまったく別物です。

並木――まさにそうですね。マスクは、もちろん感染予防のためにつけるわけですが、それだけでなく、「人への思いやり」として、それをするという人も増えているんじゃないでしょうか。

マスクをしていない人に対して不安になる人、怖くなっちゃう人がいるのだとしたら、マスクをする気遣いがあってもいいかもしれませんね。

「自分は平気だから」と言ってマスクをはずすのではなく、平気だとしても、まわりの人への心配りとして、マスクをつける、マナーを守るということは、いまも実際にはあると思います。

本田――マスクをつけるつけないのトラブルが実際に起きていますね。

先日、僕と同じ年の人同士で、やはりマスクのことでケンカになって、結局、両方とも逮捕されたというニュースを聞いて、せつなくなりました。

その二人は、どちらもアルバイトで、正規雇用ではなかったんです。そうなると、ケンカの原因は、もうマスクではないですよね。

並木――問題はそこですよね。

いま大事なことは、「心の浄化」なんです。

一人ひとりが、自分の意識を浄化していくことが大切なんです。じゃあ、どうすれば浄化できるのかと言えば、きちんと自分と向き合うことです。自分のなかに原因を見つけること、自分の何を変える必要があるのかに意識を向け、できる限り、それをクリアにするよう最善を尽くすことです。

誰かや何かのせいにするのは簡単ですが、それをするのではなく、まずは自分に意識を向けることが大事なんです。

「並木良和」の統合と「視える力」

本田――僕は直感的に、風の時代には、「いままでの自分」と「これからの自分」を統合していかないと太刀打《たちう》ちができないと思っているんですが、それは、新しい人生のOSをつくっていくようなものじゃないでしょうか。

僕は、並木さんの本を読んだり、YouTubeなどを拝見したりして、いろいろ勉強させてもらっているんですが、一番すごいなと思っているのは、「統合のテクニック」です。

この本を読んでいる人は、すでに勉強されている方も多いと思うのですが、初めての方のために、「統合」について教えてもらえませんか？

並木――「統合」というのは、一言でいうなら、意識と無意識、顕在意識と潜在意識を一致させることです。この宇宙で一つの意識体《いしきたい》だった僕たちが、分離を体験し、再び、すべては一つであることを思い出していくステップです。

このときに、よく勘違いされてしまうのが、ネガティブはいけないものとすることです。「統合」には、ネガティブを克服したり、なくしたりすることが必要だと考えてしまうのです。

ネガティブを切り離すのではなく、それをも受け入れる意識になっていく。そのすべてを含めて、一つの自分、一つの意識であるというところに立っていくのが「統合」なんです。

ネガティブをイヤなものとしてしまうと、統合のメソッドを使っていても、統合は起きないんです。

なぜなら、本来の統合の性質とは違うものになってしまうからです。

自分のなかにネガティブ性があったとしても、それを否定する必要はないわけです。このネガティブにフォーカスしませんし、使うこともありません。そうではなく、もっと高い意識の部分にフォーカスし、それを使う意識になっていくのが統合なんです。

これは、イヤなものとして押しやるのではなく、これも自分の構成要素の一部なんだということを明確に受け入れている意識状態なんです。

本田——面白いですね。ところで僕は、並木さんのYouTubeを見ているうちに、並木さんのしゃべり方になっていることに気がついたのです。
たとえば、並木さんは「さよなら」を「バイなら」と言いますが、僕もつい「バイなら」と言っていました。並木さんが言うと、マントラか何かなのかと思ったのですが、どうして「バイなら」なんですか？

並木——どうしてかはわからないですが（笑）。昭和に、そんな言い方が流行ったんです。そういうのが好きなんですね。
ある人から、昭和の雰囲気が似合っていると言われたことがあって、そのせいかもしれません。好きなことというのは、心地いいことで、自分に合っているということです。なので、そういうのは、たとえ時代遅れでも、そうしたらいいと思っています。

本田——スピリチュアルで深いところとは別の、そんなお茶目なところが、並木さんのファンの人には、たまらない魅力となっているんですね。
これも、すでにご存じの方も多いと思うのですが、あらためて、並木さんの小さい頃のお話をぜひ聞かせてください。

並木さんは小さい頃から、いろんなものが「視える人」だったんですか？

並木――そうですね。まわりに聞くと、いろんなものが視えるって言っていたよと言われるんですが、自分ではあまり記憶がないんです。

いろんなものが視え始めたのは、中学1年の頃です。ただ最初は、視えたのではなく、聴こえ始めたんです。

すごい数の人たちが僕を取り巻いて、自分の聞いてほしい話をワーッとしてくるんです。順番を守らないので、何を言っているかわからないくらい、みんなが勝手にしゃべるわけです。

そのうちに、こんどは「ヴォヤンス（視える）」が開けてきたんですが、最初は生きている人なのか、亡くなっている人なのかの区別がつかなかったんです。

目の前の人が突然消えちゃったり、よく見ると上半身しかなかったり、ということがありました。

あとは学校で教室の後ろのほうに座っていると、前の子たちのオーラで黒板が見えないなんてこともありました。

でも、それを言っても先生に通じないから、「目が悪いから」と言って、いちばん前の席に替えてもらったんです。

本田――最初は、声だけの「オーディトリー（聴く）」から始まったんですね。

生きている人なのか、亡くなっている人なのかの区別がつかないというのは、たとえば4人座っていたら、3人は生きているけど、1人は死んでいるってことですよね？　それはすごい、というか、ちょっと怖いですが、並木さんには、そういう世界が日常だったんですね。

オーラで黒板が見えないという悩みは、中学生としてはつらかったでしょう。しかも、それを先生に言うこともできないわけですから。

「視える力」を持った人にしかわからない、大変なことでしたね。

そういう力をうまくコントロールするには、やはり修行のようなことが必要だったんですか?

並木――僕には15歳のときに弟子入りした師匠がいるのですが、25歳までの10年間、勉強させてもらいました。

弟子入りしながら、大学にも行ったのですが、まわりから、どうして大学に行ったのかと言われましたけど、なぜか行ってしまったとしか、自分でもよくわからないんです。大学を卒業した後は、整体の学校に行きました。

就職しないといけないみたいなことは、まったくなかったです。

本田――そうだったんですね。そういう意味では、いい感じで世の中の主流な生き方からは、きれいに外れましたよね。

その点では並木さんを、ちょっと羨ましいなと思うところがあるんですが、僕は、すごい進学校に通って、一流の大学に行ってという路線に、途中まで乗っていたので、自分の魂に沿う道に戻るまでは、ちょっとリハビリが必要でした。

もしも、それをしていなかったら、それこそ風の時代に、もっとも行き遅れそうなタイプの生き方をしていたんです。
僕の学生時代の友達はみんな、一流企業のトップだったり、役員だったりするのですが、そういう人たちの世界に生きていたから、並木さんの自由さを羨ましく思ったんです。

「本田健」のオーラとスピリチュアルガイド

並木――僕は昔から、健さんをご本や何かで存じ上げていたんですが、僕のなかでの本田健さんは、非常にスピリチュアルな方だという印象を持っていました。
ただ、所謂スピリチュアルではないところに行くことで、スピリチュアルな世界と現実世界をつないでいる人なんだなというふうに見ていました。

本田――たしかに、そういう面があるのかもしれません。面白いのは、僕が世の中に最初に出たのは、スピリチュアルマガジン「FiLi」という雑誌だったんです。そのときの隣のページが江原啓之《ひろゆき》さんで、そのときには、もう少しスピリチュアル寄りの形で行くのかと思っていたんです。

もともと、「お金とスピリチュアル」をテーマにやっていきたかったんですが、江原さんが出ていて、「あ、スピリチュアルはこの人がやればいいから、僕はもうちょっとお金からビジネス寄りのほうがいいんじゃないかな」と思うようになったんです。

あのとき、あのページに江原さんが出ていなかったら、僕は、霊視《れいし》までは行かないかもしれないけど、直感を使ったリン・ロビンソンさんみたいな仕事をしていたかもしれません。

ところで、今回のセミナーの参加者から質問を受けつけたら、「並木さんに、本田健さんを差し支えない程度で霊視してほしい」というのがありました。オーラなのか、そういうのを見てくださいというリクエストなんですが、お願いしてもいいですか？

並木――もちろんです。

スピリチュアルな人のオーラというのは、基本的にベースが紫だったり、シルバーだったりという人が多いんです。健さんは、それももちろんあるんだけど、それよりも黄色とか赤が非常に目立つんです。

だから、オーラの色からしても、スピリチュアルな世界と、この現実の世界をつないでいる人なんだということがわかります。

オーラの色が、赤や黄色の人というのは、非常に現実的な部分を持っていて、地に足をつけて、リアルを生きる人というオーラなんです。

健さんのオーラには、その赤や黄色のまわりにシルバーが囲って、そのうえに非常にきれいな紫色があるんです。これは、情愛の深さ、博愛精神を示していきます。

僕、YouTubeなどの画像を通しても、それはわかるのですが、僕から見た健さんは、自分が表現したいことを表現しているというより、「あぁ、この人は本当に、みんなによくなってもらいたい」というのがベースにあって、話をされている人なんですね。それが印象的で、それからは定期的に見させていただくようになったんです。

オーラの見方として、色だけでなく、そのバランスも見るのですが、健さんのオーラのバランスがすごくいいんです。

だから、つなぐ人なんだということがわかるのです。所謂スピリチュアル一辺倒にはしない。なぜそうなのかと言えば、一つには、お役目みたいな部分があるからです。

「スピリチュアル」と聞いただけで、もう近寄らないという人は、案外多いものです。とくに、ビジネスや経済のジャンルとなると、眉唾《まゆつば》で話を聞く人がほとんどといっても過言ではありません。

けれどもビジネスや経済の専門家が言っていることのなかには、スピリチュアルな世界で言っていることとすごくリンクしていることがあります。つまり、そういうことに気づける場をつくっていくのが、健さんのお役目なんだということが見てとれます。

本田――そうなんですね。オーラから先に見ていただいて、こうして直接ご縁がつながっていくというのは面白いですし、うれしいです。

オーラには、それぞれ色の意味もあれば、そのバランスによって、いろいろなことが見てとれてしまうわけですね。

並木――それともう一つ。タブレットの画面越しではわからなかったんですが、健さんの後ろには、ネイティブアメリカンの方が一人、いらっしゃいます。

スピリチュアルガイドと呼ばれる存在で、日本では守護霊といわれることも多いですが、そこにネイティブアメリカンの人がいるというのは、魂のルーツの部分で、健さん自身がネイティブアメリカンの時代を何世か生きていたことを示しています。

ネイティブアメリカンは本質を生きる人たちなので、やはり健さんは、無意識のうちにも、そういうものをちゃんと理解されている、そういうものがベースにある方なんだということが、ガイドを視てもわかります。

本田――そうだったんですね。ネイティブアメリカンには、たしかに本質を生きるということでは、共感できるところが多いし、なにか親近感のようなものを感じます。ありがとうございました。

断捨離《だんしやり》の絶好のタイミング

本田――さあ、いよいよ本当の「新しい時代」が始まっていきますね。

そこで、この本の締めくくりとして、普通の生活をしている人たちが、「風の時代」を迎えて、いよいよ自分らしく生きる、としたときに、何をしたらよいのかということを、並木さんバージョン、本田健バージョンでお伝えしたいと思うのですが、どうでしょうか。

並木――僕がずっと繰り返し言っているのは、「断捨離」なんです。

古い時代は、過去世《かこぜ》（過去生《かこせい》）と同じです。もう地の時代の自分は、過去世だと思ってください。

新しい時代は、まったく新しい自分に生まれ変わるんです。

こんど生まれ変わっていくときに、もちろん過去から引き継ぐものというのはありますが、それでも大半は捨てていかないと新しい時代に移行することはできません。

でも、押し入れの整理をするときに、いざ捨てようと思っても、捨てるには忍びないもの、いくら何でも、これを捨てるのはもったいなさすぎると思えるものが出てきます。でも、そういうものこそ捨ててください、と僕はお伝えしています。

捨てようとすると葛藤《かっとう》が起きるわけですが、でも、これを手放すと驚くほど軽くなるのがわかります。

捨てることで罪悪感を覚えるようなこともありますが、その後には、「あ、なんかこれでよかったかもしれない」と思えるようになります。そうなると、新しいものが視界に入ってくるようになるんです。

だから徹底的な断捨離を、とくに2021年のうちに、遅くとも2022年の立春前までにはやっていただきたいなというふうに思います。

本田――なるほど。断捨離というのは、物理的なものだけじゃなくて、人間関係や仕事といったものも含めてということですよね。

それをすると、それまで満杯だった場所にスペースができて、新しいエネルギーが入ってくるわけですね。

並木――はい、まさにその通りです。

新しいものを受け入れるスペースをつくるために、手放していくんです。

そういう意識を持つことが大切なんです。

何かを手放すときに「もったいない」と思うのではなく、感謝して手放すことです。自分の人生にもっといいものを引き入れるため、受け入れるために手放すわけですから、「ありがとう」という感謝の気持ちが湧いてくるのは自然なことですし、実際に言葉に出すことも、ぜひしてほしいことです。

才能を生きるための回路

本田――いまのお話を本田健バージョンでお話しさせていただくと、そうして捨てることで、自分のなかにある楽しいもの、ちょっとワクワクするもの、好きなものにつながっていくと思うんです。

それがある意味、自分が飛んでいく翼《つばさ》になっていくようなイメージです。

全部を持っていては重くて飛べないということがあります。軽やかに飛び立つために、捨てることで、重荷を軽くする必要があるわけです。そうしたうえで、自分のなかでちょっと心がドキドキするもの、本当はやりたいんだけど怖いことを始めることをおすすめします。

怖いことというのは、じつは「才能」なんです。その才能がなかったら、それが気になるということはありません。

気になるのは、あなたにその才能があるからなんです。それは、たとえば文章を書くことかもしれないし、歌うことかもしれない。だからと言って、いきなり作家になれ、歌手になれというのではないんです。

そういうことができるスペースなり、回路をつくって、これまで気になっていたけどできなかったということをやってみるのが、いまのこのタイミングなんじゃないかと思うんです。

並木――そういうときに僕は、「こ・ひ・し・た・う・わ・よ」が大事だよということをお伝えしています。

「ここちいい」
「ひかれる」
「しっくりくる」
「たのしい」
「うれしい」
「わくわくする」
「よろこびを感じる」

この頭文字をとって「こひしたうわよ」（恋い慕うわよ）です。

これらの感情が、自分の本質につながっていくいちばん簡単なナビゲーションシステムなんだと思っています。

本田――でもその過程で、思ったよりもうまくいかなくて、がっかりするということもありますよね。

じつは、僕が最初の本を出版したときがそうでした。「せっかく原稿を書いたのに出版社が出してくれない」「もっと売れると思ったのに、たいして売れなかったぞ」と思って、がっかりしてしまったことがありました。

それは僕だけでなく、どんな人にも、ある程度のタイミングで起こることだと思うのですが、そういう悲しい感じのときに、それを乗り越えていくコツのようなものはあるんでしょうか。

並木――それが、第2部でお話しした、僕たちは、成功するためではなく、体験するためにここに来たのだということを思い出すことなんです。

成功すること、うまくいくことにフォーカスするのではなく、体験することにフォーカスが行くようにいると、その体験を楽しめるようになります。

失敗したら、そのことで落ち込んで時間を費《つい》やすのではなく、「こんな体験ができた」と思うと、体験そのものを喜びで受けとれる回路ができるようになってくるんです。

誰もがライフワークを生きられる時代に

並木――落ち込んでいると、暗いところから出ることができません。顔を下に向けていたら、実際に、見えるところは暗いでしょう。新しい時代には、高い視点を持つことが大事なんです。

高い視点というのは、新しい方法だったり、やり方だったりに意識が行くような高さです。

「どうしてうまくいかなかったんだろう」「うまくいくはずだったのに」と思っていると、視点は低くなるばかりです。

視点を上げることで、壁の向こうにも目を向けることができるわけです。

「あれ、ここにはあんなものがあったのか」「こんなふうになっていたのか」と気づいて、そうなれば、新たな道が見えてきて、「こんどはこうしてみよう」とか「あれを試してみよう」とかという方法も見つかって、結果、「こっちのほうがよかったね」ということになっていくのです。

本田――そういう意味では、2021年は、ある種の「トライアンドエラー」を繰り返すようなものかもしれませんね。

目の前のドアを開けてみたら、そこは料理の世界で、ちらっと覗《のぞ》いてみたけれど、「ここは自分の世界じゃない」とわかるような、そんな体験をそれぞれがしているということなのでしょう。

だったら、いろいろな扉を開けて、試してみるといいかもしれませんね。

並木――そうなんです。いまは模索《もさく》していく期間なので、どんどん試していいんです。

時代が変わるときというのは、混沌期ですから、まだ何も固まっていません。うまくいかないもないんです。

だとしたら、たとえうまくいかなくても落ち込む必要もありません。うまくいかなかったら次、うまくいかなくなったら次、で「トライアンドエラー」を続けていくことです。

仕事体験ができる「キッザニア」というのがあるじゃないですか？あれは子ども向けですが、大人バージョンがあるといいのにと思うんです。自分が何をやりたいかがわからないという人は、案外、多いでしょう。やったことのないものはイメージできないということもあります。

だから、やりたいことのイメージをつかんだり、空気感や匂いを感じたりできるような場所があれば、それこそ「トライ」もしやすくなるように思います。

本田――たしかに、ためしにレストランで働いたりということは、実際にはやりにくいですからね。

僕がおすすめしたいのは、自分がやりたいことを実際にしている人たちのブログを読んだり、SNSでつながったりすることです。いまだったら、それこそClubhouseで第一線で活躍している人の生の声が聞けるかもしれません。

そんなふうに、実際にやっている人が、どんなことを考えているのか、具体的には何をしているのかというようなことを垣間《かいま》見ることで、自分にとっては新しい世界をイメージできるようになるのではないでしょうか。

でも、それを実際に体験できるという世界をつくるとしたら、僕は、2030年の世界は、どうなっているのかなと想像することがあります。

その頃には、「正社員」「フリーランス」のほかに、たとえば「ライフワーク予備軍」というような枠があって、その仕事を体験できる仕組みが出来上がっているのです。

「ライフワーク予備軍」は、給料はもらえません。「体験」がその報酬になるわけです。じゃあ、どうやって暮らしていくのかと言えば、「ライフワーク予備軍」の人は、別の会社に所属していて、そこからお給料をもらっています。

その所属している会社で有給休暇をもらって、ライフワークを体験入社させてもらうのです。これはインターンとは違って、たとえば40歳をすぎて、別の会社に体験入社させてもらって、別の業種の空気を感じられる仕組みなのです。

いまの会社に在籍したまま、自分のライフワークを見つけられる。そういう仕組みがあればいいなと思うのです。

並木――すごくいいアイデアですね。

まずは動いてみるというのは、風の時代にはとても重要ですから、それを後押しするシステムというのは、素晴らしいと思います。

本田――ありがとうございます。

自分たちの天国をつくっていこう

本田――まだまだ話していたいのですが、時間が来たようです。

今日は本当に楽しかったですね。もっと話したいことが、いくらでもあります。

また、ぜひとも次の機会をつくっていただきたいと思います。たとえば、宿命と運命についてというようなテーマでも、面白いですね。

並木さんのご本を読んでいると、僕とは、その定義は同じように思うのですが、方法論は少し違うようです。そのあたりをお話しできるのを楽しみにしています。

並木――本当に、楽しかったです。

健さんとは、いろいろな角度からのお話ができると思います。

僕が皆さんにお伝えしていることで、なかには「自分には合わないな」という人もいると思います。

でも、その「合わないな」と思うことも大事なんです。自分が違うと思ったら、柔軟に方法を変えていくことこそ、風の時代の生き方です。

本田――並木さんの素敵なところは、「こうじゃないとダメだ」ということをおっしゃらないことです。

「これがダメなら、ほかのこっちを試してみたら?」というような、自由さがあるんです。

並木――そうですね。人を変えようというような意識はまったくないので、「これは合わない」と言うなら、「だったら、やめれば」と思ってしまうんです。だから と言って、突き放しているわけではないんですが(笑)。

本田――いい意味で、「あなたと私の境界線」というものがはっきりしているんでしょうね。それはまさしく、風の時代のリーダーです。

最後にもう一つだけ。新しいスクールをスタートされるそうですね。

並木――そうなんです。「シエロ」というスクールです。

「シエロ」はスペイン語で「天国」という意味があるんですけれど、前でもお話ししてきたように、これから僕たちは、本当に目を醒まして、自分バージョンの天国を、ここにつくっていきます。それは、僕たちがこの地球にやってきて、この地球を卒業していく卒業試験なんです。

少なくとも僕はそういうふうに捉えています。

この地上では、「やり尽くした」「やり残したものはない」となったときに、僕たちは、この地球上での輪廻転生《りんねてんしょう》のサイクルから抜けることになります。

これを通常、解脱《げだつ》と言ったりします。

これはとても大事なサイクルだと認識していますので、それを伝えていくための場所が、このスクールなんです。

そして、知識や何かではなく、本当の意味で目を醒まして生きてみせる人たちが出てくるというのが、このスクールをやっていく意義なんだなというふうに感じています。

本田――そういう意味では、並木さんがやっていらっしゃる活動というのは、寝ている人たちのそばに行って、コンコンと扉をたたいて、「そろそろ起きますか」と声をかけることなんですね。

もしも眠っていたいと言うなら、そのまま寝かしておいてあげるのが、並木さんのスタンスですね。

それが、僕が並木さんのすごく好きなところで、「起きろ！　眠るな！」みたいなことではなく、「そろそろ朝だよ」と優しく言ってくれるので、安心感があるんですよね。

並木――まだ寝ていたいんだというときに起こされたら、ムッとするのは当たり前じゃないですか。それを無理に起こしても仕方がないと思うんです。

そのまま眠り続けるのも目醒めるのも、その人の選択で、何度もお伝えしてきた通り、どちらがいい悪いじゃないですから。

本田——本当に、並木さんとは話が尽きませんね。

でも、もう、いよいよ時間になってきましたので、最後の最後に一言ずつ、お話ししておきましょうか。

並木——はい、本当に楽しい時間でした。

「風の時代」というのは、この対談の冒頭でも言いましたけど、自由になる時代です。だから、自由でいてください。

自由でいるというのは、自分に正直であることです。

ありのままの自分と、一致した生き方をするということなんです。

だから、ノーのものはノーと言い、イエスのものはイエスと言う。自分のそういった心を大切にする生き方が大切です。

まわりを大切にするのも大事なんだけど、最優先は自分なんだよ、ということをまずは知ること。風の時代は、これに尽きると感じています。

本田——並木さんの言われる通りだと思います。

なので少しだけ別の角度からお話しすると、これからの時代は、自分がどこに向かいたいのかは、人に聞くものじゃない、と思うんです。

それというのも、向かいたい場所がビジネスなのか、スピリチュアルなのか、あるいはアートなのか……それによって全然違うからです。

自分の心が何と言っているのか。それを聞くことが大切です。この点は、並木さんと僕のメッセージは一緒です。

自分の心の本音を知るには、今日お話しした「自分を調子に乗らせる」こと。自分が楽しいこと、ワクワクすることがヒントになるということを、僕からのこの本での最後のメッセージにしたいと思います。

風の時代は、きっと風が皆さんを引き上げてくれます。

努力は10パーセントで、意外と90パーセントぐらいは、風がやってくれるんじゃないかな。もしも向かい風が来たら、またそれをうまく受けて上がることもできます。

そういう意味で、柔軟に生きるというのが楽しみでもあり、怖さでもあり、ワクワクでもある、と感じています。

並木――健さんの言う通り、追い風に乗っていくことです。たとえ向かい風が来ても、上昇気流にすることができます。

怖さと楽しさは、表裏一体です。でも、じつは同じエネルギーなんです。信頼からエネルギーを見るとワクワクになり、疑いから見ると恐怖になるんです。

本田――なるほど。そういう意味では、ワクワクすることと怖いこと、どっちもやるのがいいですね。並木さん、今日は本当にありがとうございました。

並木――こちらこそ、ありがとうございました。楽しかったです。

本田――それでは、また近いうちに。

このセミナーに参加してくださった皆さん、そして、この本に関わってくれた皆さん、そして最後まで読んでくれたあなたに心から感謝して、終わりたいと思います。

並木――ありがとうございました。

本田――では、皆さん、さようなら。

並木――バイなら。

本田――そうだ、バイなら。

並木――バイなら。

本田――バイなら。

おわりに

並木良和

第1部の本田健さんのお話を間近で聞かせていただいていたのですが、すごいエネルギーが上がっていくのを、目の当《ま》たりに感じました。

これまで、本田健さんのご本を読ませていただいたこともちろんありますし、YouTubeも以前から拝見させていただいていました。

直接はお会いしていないのに、そのときから本田健さんとのつながりを感じていたのです。それは僕の個人的な感覚で、だからと言って自分から動くというようなことはありません。

でも、きずな出版の櫻井社長からのご縁で、直接お会いすることになったときに、これまで感じていた「つながり感」は、「こういうことだったんだな」と納得しました。まさに、点と点が線でつながるということを体験したわけです。

間近でお話を聞いていると、見えない世界、言葉を換えれば、エネルギーの面で交流しているのがわかるんです。

エネルギー的に交流しているのを自分のなかで感じられると、自分のエネルギーも上がっていきます。

風の時代は、こういうシナジー（相乗効果）が、大事なんです。

「誰とつながるか」

「誰と関わるか」

「誰と友達になるか」

その人と、関わっていくか、関わらないかということが、自分の人生を大きく変えてしまうような「大事なターニングポイント」になっていくわけです。

「風の時代」は、健さんも言われていたように「人間関係」の時代なんです。

これまでの「地の時代」と呼ばれていた時代は、「お金」の時代でした。

それを簡単に言うなら、「お金がやっぱり何よりも大切！」ということです。

また、「何を持っているか」ということにも重点が置かれていました。

いい車を持つこと、いい会社に入ること、いい給料をもらうこと――それらが大事なステータスだったわけです。

それが「風の時代」には全部「なし崩《くず》し」になります。いや、「なし崩し」ではなく、「総崩れ」していきます。

「なし崩し」というのは、少しずつ変わっていくことですが、そんな悠長な話ではなく、価値観がガラッと変わってしまうのが、これからの風の時代の特徴なんです。

だから心して、それを意識しておかなければならないし、それが今のあなたにとって大切だから、それを伝えるために、僕も健さんも今、ここにいるのだと思います。

最後まで読んでいただいて、ありがとうございました。

この今というタイミングで、本田健さんとオンラインセミナーを開催できたことは、それだけでも意味があったと思っていましたが、こうして1冊の本として出版させていただくことになりました。

この本が必要な方に届けられるための、宇宙の采配《さいはい》なのだと思っています。

直接お会いすることは叶わなくても、本を通してつながることができたのは、偶然ではありません。

本田健さんとともに、あなたへのメッセージをお送りできたことに心から感謝申し上げます。

本田 健

ほんだ・けん

作家。神戸生まれ。経営コンサルタント、投資家を経て、現在は「お金と幸せ」をテーマにした講演会やセミナーを全国で開催。インターネットラジオ「本田健の人生相談」は4700万ダウンロードを記録。著書は、『ユダヤ人大富豪の教え』『20代にしておきたい17のこと』(大和書房)、『大富豪からの手紙』(ダイヤモンド社)、『きっと、よくなる!』(サンマーク出版)、『大好きなことをやって生きよう!』(フォレスト出版)、『20代にとって大切な17のこと』(きずな出版)など200冊以上、累計発行部数は800万部を突破している。2019年6月にはアメリカの出版社Simon & Schuster 社から、初の英語での書き下ろしの著作『happy money』をアメリカ・イギリス・オーストラリアで同時出版。その他ヨーロッパ、アジア、中南米など、世界40カ国以上の国で発売されている。

本田健公式サイト https://www.aiueoffice.com/

// 並木良和
なみき・よしかず

幼少期よりサイキック能力（霊能力）を自覚し、高校入学と同時に霊能力者に師事、整体師として働いたのち、本格的にスピリチュアル（霊魂、精神）カウンセラーとして独立。現在は、人種、宗教、男女の垣根を越えて、高次の叡智につながり宇宙の真理や本質である「愛と調和」を世界中に広めるニューリーダーとして、ワークショップ、個人セッション、講演会の開催等活発な活動を通じて、世界中で1万人以上のクライアントに支持されている。著書に『ほら起きて！目醒まし時計が鳴ってるよ』（風雲舎）、『目醒めへのパスポート』『目醒めのレッスン29』（ビオ・マガジン）、『みんな誰もが神様だった』（青林堂）、『だいじょうぶ　ちゃんと乗り越えていける』（きずな出版）他があり、いずれもベストセラーとなっている。執筆活動と同時にさまざまな媒体で活躍の場を広げている。

並木良和公式サイト https://namikiyoshikazu.com/

Special Thanks

菊田雄介
並木健二
小山朗
栗山明奈
ななみやすみこ
ワイランド・ブライアン
我妻悠
Julia
この本に関わってくださった
すべての皆様

風の時代を幸せに生き抜く方法

2021年7月10日　初版第1刷発行

著　者　本田 健
　　　　並木良和
発行者　櫻井秀勲
発行所　きずな出版
東京都新宿区白銀町1-13　〒162-0816
電話03-3260-0391　振替00160-2-633551
https://www.kizuna-pub.jp/

ブックデザイン　福田和雄（FUKUDA DESIGN）
写真撮影　森藤ヒサシ
編集協力　ウーマンウエーブ
印　刷　モリモト印刷

ISBN978-4-86663-144-8

好評既刊

並木良和
だいじょうぶ　ちゃんと乗り越えていける
困難が立ちはだかるなら、それが起こることの意味を知り、そのうえで行動を起こしていけばいい。新しい時代と世界に変わっていくなかで、あなたを生きやすくさせる39の約束がここに！

1540円（税込）

本田健
20代にとって大切な17のこと
「挫折して心が折れそう」「自分が本当にやりたいことがわからない」「まわりからの評価を気にしてしまう」…多くの悩みをもつ20代が、逆風のなかを生き抜くための必読書。

1540円（税込）